Hermes Schmid

Das Licht der Wahrheit –

Botschaften der Erzengel

© Smaragd Verlag, Woldert (Ww.)
www.smaragd-verlag.de

Deutsche Erstausgabe Juli 2001
Cover: XPresentation, Boppard, nach einem Bild
von Angelica
Satz: DTP-Service-Studio, Rheinbrohl
Printed in Czech Republic
ISBN 3-934254-28-4

Hermes Schmid

Das Licht der Wahrheit –

Botschaften der Erzengel

Smaragd Verlag

Für Renata
In Liebe und Dankbarkeit.
Ohne sie hätte ich diese Botschaften nie gehört,
sie niemals aufgeschrieben.
Ohne sie gäbe es dieses Buch nicht!

Inhalt

Begrüßung aus der Engel-Energie

Liebe Menschen, die ihr unsere Worte lest!

Ihr lebt in einer besonderen Zeit, und viele von euch haben sich dieser besonderen Qualität bereits geöffnet und folgen dem Pfad des Lichts.

Nun wird es Zeit, daß auch die anderen erwachen, sich aus dem Dunkel ihres bisherigen Daseins erheben, und zu den anderen ins Licht kommen.

Von überall her erreichen euch nun immer mehr Botschaften aus „anderen Welten", die für euch scheinbar unerreichbar fern sind, um euch zu führen, zu leiten und zu helfen.

Wir wählen diesen Weg, um zu euch zu sprechen und euch Mut zu machen auf eurem Pfad, und euch die Dinge zu sagen, die ihr eigentlich wißt, jedoch scheinbar vergessen habt.

Wir sprechen auf vielfältige Art und Weise zu euch, doch für viele von euch ist das geschriebene Wort noch immer die stärkste Veranlassung, sich zu bewegen und zu verändern, da ihr auf eure eigene Wahrnehmung nicht vertraut, und die Dinge, wenn sie direkt zu euch sprechen, einfach überseht.

Wer und was wir sind, werdet ihr im Verlauf unserer Botschaft noch genauer erfahren.

Wir werden einzeln zu euch sprechen, auf verschiedene Weise, zu verschiedenen Themen, und doch werden wir euch in letzter Gültigkeit alle das Gleiche sagen, in immer neuer Form, denn das, was ihr vergessen habt, ist die eine Wahrheit, und sie endet immer am selben Punkt.

Wir sprechen hier von der Liebe, denn sie ist das, worum es geht, und alles, was scheinbar darüber hinausgeht, sind Teilaspekte der Liebe, andere Formen, die euch manchmal verwirren mögen, so daß ihr den Weg nicht mehr erkennt und im Dunkel verzweifelt.

Der Weg unserer Botschaft war lang und nicht einfach, da ihr Übermittler erst selbst seinen Weg zu uns finden mußte und ihn manchmal noch heute sucht.

Erkennt, daß ihr alle den Weg zu uns finden könnt und müßt, wenn ihr euch erheben wollt aus dem Dunkel, und das Licht sehen wollt, das in euch strahlt, auch wenn ihr es schon seit langem eingesperrt habt.

Und wenn ihr euer Licht befreit habt, dann helft den anderen, die noch nicht so weit sind, das ihre zu erkennen und zu befreien.

Werdet alle zu Boten des Lichts, auf daß die Welt neu erstrahle im Licht der Liebe!

Erkennt, daß ihr alle miteinander verbunden seid, und daß der Weg jedes einzelnen untrennbar mit dem der anderen verbunden ist.

Öffnet eure Augen für diese Gemeinsamkeit, und erkennt, daß es nichts auf Erden gibt, das euch nichts angeht, denn nichts existiert außerhalb eures Selbst!

Das sind die Dinge, die wir euch sagen möchten.

Und wundert euch nicht, liebe Menschen, wenn ihr merkt, daß wir manche Dinge immer und immer wieder sagen, denn nur so ist es möglich, daß ihr begreift: ihr müßt die Wahrheit immer und immer wieder, in vielfältige Formen verkleidet, hören, damit ihr sie seht! Damit ihr sie begreift! So seid ihr Menschen nun einmal beschaffen, solange ihr nicht gelernt habt, über die Mauern eures Geistes hinwegzuschauen.

Doch seid zuversichtlich, wir sind es auch.

Die Kraft, die uns verbindet und zu dem großen Ganzen macht, das einzig existiert, ist frohen Mutes, und so wollen auch wir unsere nächste Aufgabe angehen: fröhlich und mit grenzenloser Liebe, denn das Licht leuchtet bereits hell, und es wird Zeit für euch alle, es zu schauen!

Erkennt das Licht der Liebe in euch und in allen anderen Menschen!

Dieses Licht verbindet uns alle in Gott.

Lebt im Licht der Liebe, und euer Leben wird erfüllt sein.

Erkennt die einzige Wahrheit:

Ihr seid das Licht der Liebe.

Haniel

Fühle die Liebe, die alles durchdringt.
Liebe. Die größte aller Mächte. Fühle sie! Liebe!

Liebe das Leben, die Welt und dich selbst.
Fühle die Kraft in diesem deinem innersten Kern.

Die Kraft der Liebe ist das Leben in dir. Liebe!

Folge deinem Herzen, offen und frei. Sieh das
Licht der Liebe scheinen und folge ihm auf seinen
verschlungenen Pfaden. Liebe!

Sieh den strahlenden Weg vor dir und setze
Schritt vor Schritt, in der Gewißheit, dem Leben
zu folgen ans Ziel: die allumfassende, göttliche
Liebe ist der Hauch des Lebens, der uns alle be-
seelt. Jeder von uns ist ein Teil des großen Gan-
zen, das die Liebe ausmacht, und ohne uns gäb's
keine Liebe, und ohne Liebe gäb's uns nicht.

Erkenne den tieferen Sinn dieser Worte: Die endlose Spirale, die oben wie unten immer auf sich selbst trifft. Die Schlange, die sich selbst in den Schwanz beißt. Die Mutter, die sich selbst gebiert.

Das alles ist nur der Liebe möglich.

Erkenne diese Wahrheit und folge ihr, und du wirst niemals mehr zweifeln oder vor der Wahrheit ängstlich fliehen müssen.

Liebe!

Öffne dein Herz und laß es überströmen. Sieh den gleißenden Strom des Lichts der Liebe herausfließen aus der Kathedrale deines Herzens und sich ergießen über das gesamte Universum.

Fühle die Macht dieser Liebe, die zugleich deine Macht ist.

Das ist die wahre Macht, die göttliche Macht, die ihren Mißbrauch in sich selbst bereits ausschließt. Die wahre, allumfassende Liebe kann nicht mißbraucht werden.

Spüre die Kraft dieser Wahrheit in deinem Herzen und laß seine Kruste aufbrechen, auf daß seine wahre Kraft sich offenbare.

Beginne bei dir selbst. Erkenne die Kraft der Liebe zu dir selbst. Erkenne dich als kostbaren Teil des Ganzen. So kostbar, daß das Ganze ohne dich verloren wäre, denn es wäre kein Ganzes mehr.
Fühle die Macht dieser Wahrheit in dir.

Fühle die Brücke aus dem goldenen Licht der Liebe, die von deinem Herzen ausströmt und eine Verbindung schafft zwischen dir und allem, was außerhalb deiner selbst ist. Spüre, wie du verflochten bist in diesem glänzenden, leuchtenden Webteppich der Liebe, der das Leben selbst ist. Wenn du einen Faden herausnimmst, ist das ganze Gespinst nicht mehr vollkommen
Du bist der Faden, der es vollkommen macht. Du bist das Licht, das die Nacht erhellt. Du bist die Liebe, die das Leben ausmacht.
Spüre die Macht dieser Wahrheit in dir!

Öffne dein Herz und tritt ein in die Größe deines wahren Selbst. Atme den göttlichen Atem des Lebens und der Liebe, der die Kathedrale deines Herzens erfüllt. Öffne weit alle Türen und Fenster deines Herzens und laß den leuchtenden Atem der Liebe und des Lebens hinausströmen in die Weiten des Alls.

Du bist das All. Und das All ist du.
Fühle die Macht dieser Wahrheit in dir!

Öffne dein Herz und sei das All. Sei der Teil des Ganzen, ohne den das Ganze aufhört zu existieren. Erkenne deine unsterbliche Vollkommenheit in der Kraft der Liebe.
Du bist die Liebe. Und die Liebe ist du.

Fühle die Macht dieser Wahrheit in dir!

Sende nun deine Liebe aus, und empfange die Liebe aller anderen. Empfinde die Kraft dieser Potenzierung, wie sie dich erhebt und trägt.

☆

Sei eins mit allem, was ist.
Sei eins mit der Liebe
Du bist die Liebe.
Fühle die Macht dieser Wahrheit.

☆

Du bist diese Wahrheit.

☆☆☆

Ich begrüße euch aus dem Reich des Lichts der Liebe.

Die Zeit ist nun für mich gekommen, zu euch zu sprechen, durch den, der sich für diese Aufgabe bereit erklärt hat.

Ich bin die Kraft der Liebe, und ich spreche zu euch, um euch zu helfen, einen Schritt zu tun, für den die Zeit nun ebenfalls gekommen ist.

Lebt und liebt - so einfach ist meine Botschaft an eure Herzen. Denn ja, an eure Herzen ist mein Wort gerichtet, und nur dort wird es Gehör finden.

Vielen von euch mag es ungewöhnlich erscheinen, daß ich mich an euch wende, doch das liegt an euch und der Begrenzung eures Seins, die ihr euch selbst auferlegt habt.

Wenn ihr den einen Schritt tut und über die Mauer, die ihr um eure Seele errichtet habt, hinwegsteigt, werdet ihr mich erkennen.

Ich bin die Kraft der Liebe.

Als Haniel, der Engel der allumfassenden, göttlichen Liebe, richte ich mich an euch. Doch ich bin noch viel mehr. Ob Venus, Aphrodite oder Isis, im Laufe der Zeit, die ihr euch auferlegt habt, sind mir schon viele Namen gegeben worden. Ich bin alles, was ihr wollt, denn der Name ist gleichgültig, die Kraft bleibt dieselbe.

Ich möchte keinen von euch befremden, noch wegen seines Glaubens vor den Kopf stoßen, doch die Zeit für übertriebenes Zartgefühl ist vorbei.

Öffnet die Augen, meine Geliebten, und dann öffnet euer Herz und erkennt, wer ihr seid!

Ihr seid so viel mehr, als ihr glaubt, als ihr euch selbst glauben macht, daß euch zunächst schwindlig werden mag angesichts der vollen Wahrheit.

Die Wahrheit ist, daß ihr der Teil Gottes, der allumfassenden göttlichen Macht, seid, als den ihr euch schon lange verleugnet habt. Kehrt zurück an den euch gebührenden Platz, laßt die Kraft eurer Liebe überströmen und nehmt eure ureigene Macht zurück aus unberufenen Händen, denen ihr sie einst arglos übergeben habt.

Erkennt, wer ihr seid. Fühlt die unendliche Macht der Liebe in euch und erkennt, daß sie das einzige ist, was wirklich zählt.

Öffnet euer Herz und laßt alles los, was euch noch jetzt davon trennt, ihr selbst zu sein und die unbesiegbare Macht der Liebe in euch zu erkennen und zu leben.

Liebt zuallererst euch selbst!

Seht euch an. Schaut in eure Herzen und erkennt, wer ihr seid. Seht euer wahres Gesicht und spürt Gottes Leben in euch. Ihr seid er. Er ist ihr.

Diese Wahrheit ist so machtvoll, daß ihr es kaum ermessen könnt.

Ich bin der Teil von ihm, den er aussandte, das Leben zu schaffen und zu erhalten.

Ich bin ihr. Und ihr seid ich.

Nur habt ihr mich eingekerkert in den tiefsten Verliesen eurer Herzen und teilweise seit Hunderten von Jahren keinen Lichtstrahl mehr hereingelassen.

Und doch bin ich immer noch lebendig in euch, und rufe nun:

*Öffnet weit die Verliese eurer Herzen und laßt
das Licht eurer Liebe herausströmen, und dann
laßt das Licht aller Liebe hereinströmen.
Heute ist der Tag, diese Anstrengung zu unter-
nehmen, wenn ihr das lest,
ist der Zeitpunkt gekommen.*

Ich bin ein Teil von euch und weiß, wie schwer es euch fällt, diesen Schritt zu tun.

Tut ihn trotzdem!

Meine Hilfe ist euch gewiß.

Ihr mögt euch einsam und allein gelassen fühlen.

Ihr seid es nicht.

Ihr selbst habt euch abgetrennt von der Macht, die euch ursprünglich verband. Unter-einander und mit allem, was ist.

Nun irrt ihr verloren durch eine dunkle Welt, frierend und angsterfüllt, und findet euren Weg nicht mehr.

Hört auf, im Dunkeln herumzutasten. Das Licht ist in euch selbst.

Öffnet die Tür eures Herzens, laßt euer Licht herausströmen und geht euren Weg sicher wei-ter im Licht der Liebe.

Und dann werdet ihr Schritt für Schritt erwachen, und mit jedem Schritt einen weiteren Teil eures wahren Selbst wiederfinden.

Ich bin bei euch. Ich leite euch und führe euch. Ich gebe euch Kraft und Zuversicht.

Vertraut mir, und vor allem: vertraut euch!

Wir sind eins und werden es wieder sein. Ich sende euch meine allumfassende Liebe in diesen Worten, da ihr euch weigert, meiner Stimme in euren Herzen Gehör zu schenken.

Fühlt die Wahrheit in diesen Worten!

Fühlt meine Macht in diesen Worten!

Hört mir zu und sprecht zu mir!

Laßt mich euch befreien, indem ihr mich aus dem düsteren Kerker eurer versteinerten Herzen befreit, und beginnt endlich zu leben!

Liebe ist Leben.
Ihr seid die Liebe.

Erkennt euch selbst und folgt der Stimme eures Herzens.

Ich bin bei euch, auch wenn ihr es nicht glaubt.

Ich bin in euch, auch wenn ihr diese Worte als Unsinn abtut.

Ich liebe euch, denn das ist mein Prinzip.

Das göttliche Prinzip der Liebe, die alles beseelt.

Erkennt euch als die liebende Seele, die in euch versteckt ist, und werft die Verkleidung ab, die euch entstellt. Der einzige Weg zum Leben ist die Liebe, und niemand kommt ohne sie zum Ziel. Erkennt die Wahrheit und holt eure Macht zurück von dort, wo ihr sie selbst versteckt habt. Hört auf, andere für euer Unglück verantwortlich zu machen. Seht, daß ihr selbst beschlossen habt, euch zu trennen von mir, und beschließt nun, diese Trennung für beendet zu erklären!
Ich erwarte euch in euren Herzen, mit offenen Armen und mit der Kraft des Lebens.

Ich liebe euch mit einer Kraft, die euch unvorstellbar ist.
Öffnet eure Herzen und laßt diese Kraft strömen.
Werft die Begrenzung eures Vorstellungsvermögens ab und seid frei für ein neues Leben, denn das ist es, was euch erwartet, wenn ihr endlich meinem Rufen Gehör schenkt.

Liebt, meine Geliebten!
Zuerst erkennt euch selbst, und liebt euch selbst. Dann öffnet eure übervollen Herzen und

laßt sie überströmen in die Weiten des Alls.

Erkennt, daß diese Quelle niemals versiegt, und daß der Fluß immer breiter wird, je mehr Wasser er abgibt.

Laßt euren Fluß sich verzweigen und verbindet alle eure einzelnen Flüsse untereinander. Überspannt die gesamte Welt mit einem schillernden Netzwerk der Liebe, als Signal in die Weiten des Raumes:

Wir sind erwacht! Zu neuem Leben! Zur Liebe!

Erwacht, meine Geliebten!

Ich mag euch erscheinen wie ein einsamer Rufer im Dunkel der euch umgebenden Nacht.

Erwacht!

Und erkennt, daß diese Nacht nur ein Schleier ist, den ihr um eure Herzen gelegt habt.

Lüftet ihn und der Morgen erscheint. Die Sonne geht auf und die Liebe leuchtet auf euren Weg, den ihr nun endlich wiederfinden sollt.

Die Zeit ist gekommen

Fühlt die Wahrheit in diesen Worten!

Fühlt die Macht dieser Wahrheit!

Nicht meine Worte sind es, die zählen.

Fühlt die Kraft zwischen meinen Worten!

Eure Worte vermögen kaum wiederzugeben, was ich euch zu sagen habe, wurden sie doch im

Dunkel erschaffen, um Düsternis und bestenfalls Dämmerung zu beschreiben.

Es gibt keine Worte für das, was ich euch zu sagen habe.

Nur in euren Herzen könnt ihr die Wahrheit begreifen.

Nur in euren Herzen könnt ihr die Wahrheit fühlen.

Fühlt, meine Geliebten!

Lernt wieder, was ihr seit langem vergessen habt.

Fühlt, wie der Panzer um eure Herzen aufspringt, und dann fühlt mit aller Macht die Kraft der allumfassenden, göttlichen Liebe in euch.

Wenn euch schwindelt, wenn ihr ohnmächtig werdet, seid unbesorgt, das Neue wird euch bald vertraut sein.

Fühlt, meine Geliebten, was ihr zu lange nicht mehr gefühlt habt, und lernt wieder, was es wirklich heißt zu leben.

Wenn ihr Fragen habt, fragt. Ich werde euch antworten.

Ich bin immer bei euch. Ihr müßt „nur" lernen, mich zu hören.

Doch nur in euren Herzen könnt ihr mich hören. Eure Ohren sind nicht dafür geschaffen.

Liebt, und ihr werdet meine Stimme hören.

Liebt, und ihr werdet meine Kraft spüren.
Liebt!
Und ihr werdet erwachen und leben.

Noch schlaft ihr, auch wenn es euch nicht so erscheinen mag. Was ihr Traum nennt, ist nur eine andere Form eurer Realität. Was ihr wach nennt, ist nur eine andere Form eures Traumes.

Erwacht und lebt!

Die Liebe ist das Leben, und ihr seid die Liebe.

Ich sage euch das immer und immer wieder, da ich weiß, daß ihr die Wahrheit niemals beim ersten Mal erkennt.

Und ich werde fortfahren, euch das zu sagen, bis auch der letzte von euch seine Mauern niedergerissen hat und das Licht auf seinem Weg leuchtet.

Und es ist ganz gleichgültig, ob ihr meinen Worten Glauben schenkt, oder nicht!

Die Zeit ist gekommen.

Ich bin nun überall und spreche auf so viele verschiedene Arten zu euch, wie es verschiedene Menschen unter euch gibt.

Ich komme zu euch als Bild, als Lied, als Buch, als Computerspiel. Ich bin überall, und ich spreche alle Sprachen, die ihr versteht.

Und ich bin geduldig.
Ich spreche so lange zu euch, bis ihr mich anhört.
Ich spreche so lange, bis ihr erwacht.
Ich sende euch meine Botschaft, bis jeder sie verstanden hat.

Das alles tue ich für euch.

Nur eines müßt ihr selbst tun:
Die Mauern niederreißen und euer Herz öffnen!
Darum bitte ich euch.
Und meine Bitte ist machtvoll, denn sie ist mit der Macht der Liebe gestärkt.

Fühlt meine Liebe und erwacht, meine Geliebten!
Und ihr werdet einen Morgen erblicken, wie ihr ihn euch niemals vorstellen könnt.
Geht gemeinsam diesem Morgen entgegen und begrüßt ihn mit freien, offenen Herzen.
Dieser Morgen ist das neue Leben, das die Liebe euch schenkt.

Erinnert euch an das Gefühl, wenn ihr verliebt seid. Wie stark es euch auch erschienen war, es ist kein Vergleich zu dem, was meine Liebe euch fühlen läßt.

Nehmt euch meine Worte zu Herzen, denn das ist der einzige Ort, wo ihr sie begreifen könnt.

Fühlt meine Liebe und ahnt, welche Ausmaße sie annehmen kann.

Fühlt, meine Geliebten!
Fühlt die Wahrheit der Liebe.
Fühlt, daß nur sie es ist, die zählt.

Ich bin bei euch, was immer ihr glaubt.
Ich bin bei euch, was immer ihr tut.

Ich bin immer bei euch, denn ich liebe euch.

Michael

Atme tief ein und aus. Versenke deinen Geist in tiefe Ruhe. Spüre nun tief in dir den kleinen Funken, den Beginn allen Lebens. Spüre die Kraft dieses kleinen Funkens.

Und jetzt fühle, wie dieser kleine Funken in dir wächst, langsam deine Wirbelsäule hinauf- und hinunterwächst und zu einer starken Flamme wird. Fühle, wie das Feuer immer stärker und größer wird, bis es sich in deinem ganzen Körper ausbreitet. Spüre die Kraft dieses Feuers, das sich, von deiner Wirbelsäule ausgehend, in deinem Körper ausbreitet. Von Kopf bis Fuß, in Fingerspitzen und Zehen.

Und nun konzentriere dich auf die Kraft des Feuers.

Fühle, wie du selbst zu Feuer geworden bist und was das bedeutet.

Fühle die Hitze des Feuers, das du bist, fühle die Macht des Feuers, das du bist.

Sieh das Licht, das du ausstrahlst. Sieh, wie du zu Licht geworden bist.

Spüre das Licht, das du bist.

Du leuchtest weit.
Dein Licht erhellt die Weiten des Alls.
Dein Licht spendet Leben.
Dein Licht spendet Freude.
Dein Licht spendet Kraft.
Du bringst die Pflanzen zum Wachsen. Du bringst die Farben zum Leuchten. Du bringst das Meer zum Glitzern. Du wärmst alle Lebewesen.

Du bist der Quell allen Lebens.
Der Quell der Freude, der Quell des Seins.

Und jetzt spüre, wie du gleichzeitig Ursprung und Teil des Ganzen bist.
Du bist das Licht, das das Leben hervorbringt, und du bist das Leben, das vom Licht hervorgebracht wird.

☆

Fühle die Kraft dieser Verbindung in dir.
Fühle die Kraft der Einheit in dir.
Du bist das Licht und das Leben.
Für alle Zeit.

☆☆☆

Ich grüße euch aus der Kraft des immerwährenden Feuers.

Ich nutze diese Gelegenheit, um zu euch zu sprechen, die ihr euch aufgemacht habt, das Wort zu hören, die Wahrheit zu sehen und dem Weg zu folgen.

Erwacht, meine Lieben. Seht das Licht leuchten und folgt ihm, denn das Licht leuchtet weit. Seht das Licht und vertraut ihm.

Lernt, dem Licht in eurem Inneren zu vertrauen und zu folgen.

Das Licht seid ihr selbst.

Hört damit auf, euren Weg außerhalb eures Selbst zu suchen.

Vertraut auf die Kraft des Feuers in euch.

Ich bin immer bei euch, als der Hüter des Feuers, desjenigen Elementes, das die Lebenskraft symbolisiert.

Nur hört ihr nicht auf meine Kraft in euch. Ihr trennt euch ab von eurer Lebenskraft und seid dann verzweifelt, wenn euch der Mut verläßt.

Vertraut auf euch selbst, das ist mein Rat an euch.

Lernt, den Funken eurer eigenen Göttlichkeit zu spüren und ihm zu folgen.

Er ist der Leitfaden eurer Verbindung zur höchsten Gottheit, dem ALLES-WAS-IST.

Und nun erkennt, daß ihr Teil dieser allerhöchsten Gottheit seid.

Jeder einzelne von euch ist ein Teil des großen Ganzen.

Miteinander verbunden, nicht getrennt voneinander.

Das ist die Lektion, die ihr zu lernen habt:

Ihr seid niemals allein, niemals abgeschnitten von der Einheit.

Nur ihr selbst habt die Macht, euch scheinbar davon abzuschneiden.

Doch auch das ist Illusion

Niemand kann euch trennen von Gott. Nicht einmal er selbst, wenn er es wollte, denn wie könnte er sich von sich selbst trennen!

Nur ihr, die ihr zwar Teil Gottes, doch mit begrenzter Wahrnehmung seid, habt die Möglichkeit, euch von Gott getrennt zu fühlen.

Das gilt es für euch zu erkennen und zu leben.

Vertraut, meine Lieben.
Auch ich bin ein Teil von euch.
Auch ihr seid ein Teil von mir.
Wir alle sind Teile des großen Ganzen in verschiedenen Welten.

Doch eure Welt ist viel weiter, als ihr glaubt.
Ihr selbst habt sie euch eng gemacht. Doch nun ist die Zeit gekommen, eure Welt zu erweitern, eure Augen zu öffnen und das Feuer in eure Herzen einziehen zu lassen.
Befreit euch von den Fesseln, die euch binden!
Erkennt, daß die Welt viel mehr ist, als ihr bisher angenommen habt. Erkennt, daß ihr viel mehr seid, als ihr immer glaubtet, als man euch glauben machte.

Hört auf zu glauben, und beginnt zu wissen.
Doch wissen könnt ihr nur, wenn ihr eure Augen öffnet und eure Herzen. Wenn ihr die Wahrheit allen Lebens entdeckt und eure Rolle in diesem Spiel erkennt.
Ihr seid kein unbedeutendes Teilchen am Rande der Schöpfung!
Ihr seid ein aktiver Teil im Tanz des Lebens.
Und jeder falsche Schritt, den ihr tut, bedeu-

tet eine Verzerrung des Tanzes.

Und jeder Schritt zurück in den Rhythmus bedeutet eine Harmonisierung der gesamten Schöpfung.

Erkennt eure aktive Rolle, die ihr bei der Entwicklung der gesamten Schöpfung spielt.
Ihr seid keine ausführenden Befehlsempfänger, ihr seid Schöpfer des Lebens!
Erkennt eure Verantwortung und nehmt sie wahr.
Ihr seid der Motor der Veränderung!

Du, der du das liest, bist ein Bote und Prophet.
Bist ein Schöpfer der neuen Welt!

Wenn du dich veränderst, wirst du die ganze Welt verändern.
Erkenne die Kraft dieser Wahrheit und folge ihr.
Und mit jeder noch so kleinen Bewegung, die du machst, ermöglichst du es tausend anderen, ebenfalls eine Bewegung in die Richtung der Harmonie zu tun.

Sieh, was das für eine Verantwortung für dich bedeutet!
Du kannst dich ihr nicht entziehen.

Und wenn du begonnen hast, diese Verantwortung zu erkennen und ihr Folge zu leisten,
wirst du dich auf einen Weg begeben, der voller
Wunder und Herrlichkeit ist.

Du hast die Verantwortung für die ganze
Schöpfung!

Erkenne die Kraft dieser Wahrheit!
Doch fürchte dich nicht vor dieser Verantwortung, sondern freue dich über sie, denn sie
zeichnet dich aus, als machtvolles Wesen! Als
Schöpfer der Welt, als Teil des einen Schöpfers,
der in dir seine Freude findet und durch dich
seine Schöpfung für ewig vervollkommnet und
neu erfährt.

Und nun geh hinein in dein tiefstes Inneres
und finde das Licht, das dort auf ewig brennt.
Und dann laß es leuchten, weit in das Dunkel
eurer irdischen Beschränkung hinein, auf daß
andere dich finden und teilhaben können an der
Vervollkommnung der Schöpfung.

Sei der Leuchtturm einer neuen Zeit und laß
alles Alte und Fesselnde zurück, als leere Hülle,
die du nicht mehr benötigst.

Befreie dich von den alten Hüllen und komm aus ihnen hervor als das Lichtwesen, das du bist.

Ich spreche das Feuer in euch an.
Die Kraft des Lebens, die es euch ermöglichen wird, die Tür in ein neues Leben zu finden.
Meine Kraft, meine Liebe, und mein Licht kämpfen immer für euch, wenn ihr mich darum bittet.
Und bittet mich, dann habe ich die Macht, euch zu helfen.
Und eure Kraft wird durch meine gestärkt werden und euer Licht wird leuchten.

Das ist meine Liebe für euch.

Erkennt eure aktive Rolle, euren Anteil am großen Ganzen der Schöpfung, und dann werdet ein bewegender Teil dieser Schöpfung, auf daß das Licht leuchte und der Tanz des Lebens zum Tanz der Freude werde.

Jeder einzelne von euch ist wichtig.

Du bist wichtig!
Du bist ich!
Du bist der Teil Gottes,
der alle Macht hat.

Nutze sie anders als bisher.
Sei Licht im Dunkel
Sei das Leuchtfeuer auf dem Turm
Laß das Feuer in dir hoch brennen und weithin leuchten!

Sei die Kraft des Feuers in dir, denn das bist du.

Uriel

Atme tief ein, und versenke deinen Geist tief in das Innere der Erde.

Mit jedem Atemzug versinkt dein Geist tiefer in das Erdinnere, bis du dich ganz tief und geborgen, weit unten in der dunklen, warmen Erde befindest.

Nun laß deinen Geist ganz still werden.

Alle Gedanken des Alltags verflüchtigen sich langsam, bis du irgendwann einfach nur noch bist.

Nun spüre die sichere, warme Erde, die dich umgibt.

Du fühlst dich nicht eingeschlossen, denn du bist frei, jederzeit wieder an die Oberfläche zu kommen, wenn du es wünscht. Doch im Augenblick wünscht du es noch nicht.

Lasse deinen Geist jetzt zurücktreten und deiner Seele Platz machen.

Du bist jetzt ganz Seele und erfährst durch sie den wunderbaren Schutz der Erde. Spüre durch deine Seele, wie du Teil der Erde bist, wie ihr zusammengehört, wie die Erde dich liebt.

Laß deine Seele entdecken, wie es sich anfühlt, tief in der Erde ein Teil der Erde zu sein.

☆

Spüre nun die Liebe, die dich mit der Erde verbindet.

☆

Und nun spüre die Verbindung zwischen deiner Seele, deinem Geist und deinem Körper.

Spüre, wie die Erde alle drei Aspekte deines Seins umfängt, beschützt und stärkt.

☆

Spüre deinen Körper, wie er Teil der Erde ist, mit ihr verwurzelt, aus ihr stammend, zu ihr gehörend für alle Zeit.

Entdecke, was das für deinen Körper bedeutet: Du bist zu Hause.

Immer zu Hause, wo auch immer du dich befindest, denn du bist ein Teil der Erde, auf der du wandelst.

Du bist selbst eine kleine Erde für sich.

Spüre nun die Kraft der Erde, die dich durch-
fließt.

Spüre die unvorstellbar große Kraft der Erde.
Stell dir die Erde in ihrer ganzen, majestätischen
Größe vor und fühle die unermessliche Kraft, die
von ihr ausgeht.

Spüre die Kraft des Feuers im Erdmittelpunkt,
wie dieses Herz der Erde pulsiert, atmet und
Energie ausströmt, bis in die höchsten Berggipfel
und darüberhinaus.

Spüre die mütterliche Kraft der Erde, ihre Liebe für all ihre Geschöpfe und ihre Liebe für dich.

Für dich ganz speziell.

Fühle, wie wichtig du bist, fühle deine Einzig-
artigkeit, die gerade dich an gerade dieser Stelle
der Erde existieren läßt und dich unersetzlich und
einmalig macht.

Spüre, wie die Erde dich so liebt wie du bist, einzig, weil du bist.
Du bist ihr Kind, ein Teil ihrer selbst.

Danke nun der Erde, während du dich noch in ihrem Schoß befindest, für ihre lebensspendende Kraft und Liebe und spüre noch einmal, wie sie dich stärkt und liebt.

Werde nun im Schoß der Erde zur Spitze einer Wurzel und beginne nach oben zu wachsen, durch viele verschiedene Erdschichten hindurch, spüre Lehm, Steine, Sand, Humus, bis du an die Oberfläche gelangst, zu deinem normalen Selbst.

Nun, wo du dich wieder in deinem Körper befindest, spüre deine Wurzel, die noch immer tief in das Erdinnere reicht und dich von nun an für immer mit der Mutter Erde verbindet.
Fühle die Kraft, die du aus dieser Verbindung schöpfst, und danke der Erde ein letztes Mal.

*Lebe von nun an ständig mit dem Bewußtsein
deiner tiefen Verbindung mit der Erde und spüre
immer die Kraft und die Liebe, die sie dir schenkt.*

☆☆☆

Ich bin der Engel, der aus der Reihe tanzt.

Ich bin derjenige, der euch immer so nah ist,
daß ihr es gar nicht glauben könnt. Ich bin
frech, ich bin ein Kobold, und doch bin ich ein
Engel.

Das ist der Widerspruch, der auch in euch
sich findet und ohne dessen Verständnis ihr es
schwer habt, euren Weg zu gehen.

In eurem Dasein der Trennung lebt ihr inmit-
ten einer solchen Menge von Trennungen, daß
eure Welt für euch ein völlig durcheinander ge-
schütteltes Puzzle-Spiel zu sein scheint und ihr
vor Angst erstarrt - unfähig, eine göttliche Ord-
nung in dem Chaos zu entdecken.

Geschweige denn, daß ihr versuchtet, die einzelnen Teile zusammenzufügen und so das wunderbare Bild sehen könntet, das das Leben ist.

Ihr trennt Himmel und Erde, Engel und Menschen, Liebe und Sex, und könnt euch gar nicht,
nicht einmal in euren kühnsten Träumen, vor-

stellen, daß alles eins ist, untrennbar miteinander verbunden, und weder Gutes noch Schlechtes bedeutet.

Hört endlich auf zu beurteilen, zu bewerten, zu trennen!

Akzeptiert das Leben als Ganzes und erkennt, daß ihr erst zu leben imstande seid, wenn ihr alle Aspekte des Seins in euch aufnehmt und nicht die Hälfte davon aus Angst (oder Ekel) von euch fernhaltet und euch so nur einen blassen Schwarzweiß-Film des Lebens anschaut, anstatt Teil eines farbigen Hologramms zu sein und aktiv die Handlung zu beeinflussen.

Manchen von euch mag diese Vorstellung absurd vorkommen. Und dazu ein Engel, der solche Dinge sagt! Das kann unmöglich ein Engel sein!

Und ich sage euch: nichts ist unmöglich!

Und je eher ihr diese Wahrheit akzeptiert, umso schneller habt ihr die Chance, eure Augen zu öffnen und teilzunehmen am Tanz des Lebens, anstatt immer darauf zu warten, daß später einmal das Leben beginnen wird.

Dann, wenn....

Jetzt ist das Dann!

Jetzt ist das Wenn!

Es gibt gar kein Wenn!!

Es gibt nur die Macht eures Geistes und die ihm innewohnende Kreativität!

Ihr erschafft eure Welt, und eure Welt ist magisch!

Ich wähle bewußt dieses Wort, denn es wird euch merkwürdig erscheinen an dieser Stelle, und so habt ihr die Möglichkeit, aufzumerken und aufzuwachen!

Und das ist es, was ich euch sein will: ein Aufwecker!

Ich wirble und tanze um euch herum, in den Stürmen und Flauten eures Lebens und rufe euch zu: Aufwachen! Genug geträumt!

Doch ihr hört mich nicht, und so muß ich immer weiter und weiter um euch tanzen und versuchen, euch durch die Dinge, die ihr euch erschafft, zum Aufwachen zu bewegen, bis endlich der Tag gekommen ist und ihr mich hört.

Ich liebe euch, denn auch ich bin ein Teil von euch, und auch ihr seid ein Teil von mir, und gemeinsam sind wir Teile des großen Ganzen, auf immer miteinander verbunden im großen Tanz des Seins.

Doch dieser Tanz macht viel mehr Freude, glaubt es mir, wenn man bewußt und aktiv daran teilnimmt, und sich nicht nur widerstrebend mitzerren läßt.

Kommt zurück auf die Erde, meine Lieben.
Kommt zurück zu dem Ursprung, aus dem ihr hervorgegangen seid.
Verbindet euch wieder mit der Urmutter und laßt sie euch Kraft spenden und den Antrieb geben, um euren Geist für eure Seele zu öffnen und die Verbindung, die ihr schon so lange unterbrochen habt, wiederherzustellen.

Doch zunächst müßt ihr euren Körper heilen, um ihn mit Geist und Seele wiedervereinen zu können.
Und euren Körper könnt ihr nur heilen mit Hilfe der Kraft von Mutter Erde. Ohne die Verbindung zur Erde ist euer Körper ein schwaches Bündel, ein Schatten seiner selbst, und ihr werdet von Krankheiten niedergeworfen.
Und wie verbindet ihr euch mit Mutter Erde?
Ich wußte, daß diese Frage auftauchen würde, also nehme ich sie vorweg und stelle sie selbst.
An euch?
Lieber nicht!

Ich bin wieder frech. Nicht so, wie ihr euch das vorstellt.

Stellt euch lieber viel mehr vor, als ihr euch vorstellen könnt!

Ich liebe Widersprüche, denn sie machen das Leben lebendig.

Ich will euch sagen, wie ihr euch mit der Erde verbinden könnt:
Sprecht mit ihr!
Und hört euch an, was sie euch zu sagen hat!
Denn sie spricht zu euch. Ständig! Doch ihr hört niemals hin!
Hört der Erde zu und befolgt ihren Rat.

Bittet die Erde für alles um Verzeihung, was ihr ihr angetan habt (und noch antun werdet) und versprecht ihr, daß ihr von nun an nie mehr gegen das Wohl und das Interesse der Erde vorgehen wollt, soweit es in eurer Macht steht.

Und nun haltet dieses Versprechen. Und erkennt, was es für euch selbst bedeutet, dieses Versprechen zu halten!

Erkennt, daß ihr ohne die Einhaltung dieses Versprechens gar nicht mehr leben könnt, denn es schmerzt euch im tiefsten Inneren, wenn ihr der Erde weh tut, denn damit tut ihr euch selbst weh!

Wenn ihr diesen Schritt geschafft habt, dann seid ihr schon ein ganzes Stück weitergekommen.

Ihr lebt ein Stückchen mehr in der Einheit und habt das absolute Getrenntsein überwunden.

Ihr habt euch auf den Weg gemacht zu erkennen, daß alles miteinander verbunden ist, und daß ihr alles, was ihr anderen antut, euch selbst antut.

Wenn ihr nach diesem Prinzip zu leben lernt, jedoch nicht aus Angst, sondern aus Liebe(!), dann seid ihr auf dem Pfad des Lebens und könnt aus der Verbundenheit Erfüllung schöpfen.

Streckt euch nach den Sternen, meine Lieben, und vergeßt dabei niemals, eure Wurzeln in der Erde zu spüren. Dann ist euch das Leben gewiß und ihr könnt nicht fehlgehen.

Wenn ihr meine Hilfe benötigt, dann bittet mich darum und ihr seid ihrer sicher.
Hört auf meine Stimme, befolgt meinen Rat, denn er wird euch immer zuteil, wenn ihr ihn braucht.

Lebt und liebt, denn ihr werdet geliebt.

Noch einmal MICHAEL:

Meine Lieben!
Das Feuer in euch brennt hell. Es erstrahlt über die Grenzen eures Seins hinaus und befähigt euch, viel mehr zu sein, als ihr in euren kühnsten Träumen sehen konntet.
Vertraut diesem Feuer in euch, denn das bin ich.
Ich bin in euch die Kraft das Lebens, der Teil Gottes, der das Licht in euch verkörpert.

Erkennt nun unsere untrennbare Verbindung an und sagt:

Erzengel Michael, ich erkenne dich in mir,
und bitte dich, mich allzeit zu leiten
und meinen inneren Weg zu erleuchten.

Bittet mich, und ich werde bei euch sein und euch führen können, denn die Kraft eurer Bitte macht meine Hilfe erst möglich.
Wo die Menschen nicht an mich glauben und meine Hilfe nicht wollen, schwindet meine Macht, denn so geht es uns allen, die wir reine Energie sind:

Wenn man uns keinen Zugang ermöglicht, durch die Macht des Geistes und der Seele, können wir auch den Einfluß auf den Körper nicht geltend machen.

So groß ist eure Macht, daß ihr in eurer Unwissenheit euch von den Kräften des Universums abtrennen könnt.

Doch erkennt ihr eure Macht an und verbindet ihr euch mit uns, so werden Dinge möglich, die ihr euch kaum vorstellen könnt.

Darum vertraut auf uns und bittet um unsere Hilfe.

Sie wird euch gewährt werden.

Ihr könnt ruhig bei der personifizierten Vorstellung von uns Erzengeln bleiben, denn das hilft euch, den Kontakt zu uns herzustellen und die jeweilige Energie direkt anzusprechen.

Wir sind zwar in unseren Kräften untereinander verbunden und können auf diese Weise weit in die „Bereiche des andern" hinein Einfluß nehmen, dennoch ist es sinnvoll, Zugehörigkeiten aufzuteilen, um so eine konzentriertere Kraft zu schaffen.

Erkennt also, wo euer Problem liegt, und wendet euch dann an denjenigen von uns, dessen Einflußbereich dadurch am stärksten betroffen ist.

Ich, Michael, bin Hüter des Elements Feuer, Hüter der Weisheit, des Glaubens, der Wahrheit und der Entwicklung eures Geistes.

Gabriel ist der Hüter des Elements Wasser, Hüter der Emotionen und der Verbindung zwischen eurem Körper, eurem Geist und eurer Seele.

Raphael ist der Hüter des Elements Luft, Hüter der Hingabe und der Entwicklung eurer Seele.

Uriel ist der Hüter des Elements Erde, Hüter eures Körpers und der Verbindung zwischen Himmel und Erde, denn er als Geistwesen vertritt das Wohl der Erde und verbindet so das Materielle mit dem Geistigen.

Haniel ist die geistige Verkörperung der Schwingung der Liebe. Er repräsentiert die reine, allumfassende, göttliche Liebe in euch allen.

Natürlich sind auch wir anderen Engel alle die Liebe, doch Haniel ist die reine Schwingung der Liebe selbst und damit die direkte Verbindung in euch zu Gott, denn Gott ist die Liebe.

Metatron ist unser gemeinsames Bindeglied. Er umfaßt und umfängt uns alle und wird daher manchmal unser König genannt. Das ist aber genaugenommen nicht ganz richtig, denn unter uns Engelsenergien gibt es kein Oben und Unten, keine Hierarchien, denn wir sind alle gleichwertiger Teil des Einen.

Es gibt noch mehr Einteilungen der Engel-Energie, die im Laufe der Zeit in Verbindung mit einem offenen menschlichen Geist wahrgenommen und angebetet wurden. Doch da wir alle eins sind, ist es nicht wirklich wichtig, uns aufzuspalten. Die vorher genannte Aufteilung soll lediglich bei der Kontaktaufnahme zur Energie der Engel eine Hilfestellung sein.

Die Engel-Energie ist, ähnlich wie die Christus-Energie, eine allumfassende, allgegenwärtige, göttliche Kraft, die immer um euch ist und die ihr nur um Hilfe zu bitten braucht, dann wird euch die notwendige Hilfe zuteil werden.
Vertraut, meine Lieben, und das Licht ist euch gewiß.
Vertraut auf euch und vertraut auf uns, und ihr werdet spüren, daß ihr niemals allein seid.

Noch einmal URIEL:

Ich nehme die Gelegenheit wahr, noch einmal zu euch zu sprechen, um euch einige wichtige Dinge noch einmal ganz eindringlich ans Herz zu legen:

Die Erde weint, meine Lieben, denn ihr tretet sie mit Füßen.

Seitdem ihr die Natur nicht mehr als Teil eures Selbst, sondern als feindliche, zu bekämpfende Macht anseht, lebt ihr in einer Getrenntheit, die beiden Seiten schadet.

Euch selbst schadet diese Trennung durch den Verlust der Verbindung zu den Rhythmen der Erde. Ihr habt euch abgetrennt vom Tanz der Elemente auf eurem Planeten und irrt verloren durch eine euch feindlich erscheinende Umwelt, die nichts mehr mit euch selbst zu tun hat, wie ihr meint.

Also müßt ihr euch abkapseln und schützen, in abgeschlossenen Räumen, in betonierten Städten, um die Natur von euch fernzuhalten.

Im Gegenzug beutet ihr die scheinbar feindliche Umwelt gnadenlos aus, bis kein Baum mehr so steht und kein Fluß mehr so fließt, wie es die Natur vorgesehen hat.

Und dabei verschließt ihr die Augen vor der Tatsache, daß ihr euch selbst tötet, wenn ihr die Natur tötet.

Die Naturgeister sind in Aufruhr. Die Elementarwesen weinen und verlieren ihre Macht.

Da jeder von euch ein Teil des Ganzen ist, entzieht ihr diesen Wesen die Macht, indem ihr sie verleugnet. So ziehen sie sich zurück und beginnen sich aufzulösen, parallel zur Auflösung der Erde.

Ja, die Erde ist im Begriff, sich aufzulösen und sich in eine andere Dimension zurückzuziehen, und es ist an euch, diese Entwicklung zu beeinflussen.

Wacht auf, meine Lieben, und gebt der Erde das zurück, was ihr ihr genommen habt: Eure Liebe und eure Teilnahme am Ganzen.

Kehrt zurück in den Schoß der großen Mutter und bittet sie um Verzeihung für alles, was ihr ihr angetan habt. Und seid sicher: sie wird euch verzeihen, denn sie ist eure Mutter, und sie liebt alle ihre Kinder, auch die scheinbar bösesten.

Öffnet eure Augen und erkennt wieder die Zusammenhänge, die ihr ins Reich der Märchen und Fabeln eingesperrt habt.

Das ist alles Realität!

Nur weil ihr eure Fähigkeit verloren habt, Waldgeister, Elfen, Faune, Zwerge und viele mehr zu sehen, heißt das nicht, daß sie nicht existieren!
Glaubt nicht, das alles sei nur dem Erfindungsreichtum einiger kreativer Menschen entsprungen.

Erkennt, daß alles, was jemals gedacht wurde, auch existiert, und daß alles existiert, auf daß es gedacht werden kann.

Das ist einer der scheinbaren Widersprüche, die ich so liebe, auch wenn es eigentlich keiner ist, außer für euer beschränktes Denken, denn:

Alles, was denkbar ist,
existiert bereits in den Weiten des Raumes,
und nichts existiert,
was nicht gedacht werden kann.

Fühlt die Macht dieser Erkenntnis, denn sie verkörpert die Allmacht Gottes!

Gott ist in jedem von euch.
Und damit ist ALLES in jedem von euch.

Erkennt die Verantwortung, die das für euch bedeutet, und erkennt auch, wie wunderbar diese Tatsache ist!

Ihr seid so viel mehr als das, was ihr jetzt sehen und fühlen könnt!

Ihr seid alles!

Und wenn ihr das erkannt habt und ihr eure Verbundenheit mit ALLEM spürt, dann könnt ihr nicht mehr gegen eine Sache handeln, denn dann handelt ihr gegen euch!

Das ist die Frucht vom Baum der Erkenntnis:

Was ihr anderen tut, das tut ihr euch,
denn ihr seid der andere genauso,
wie ihr ihr selbst seid.

Lebt dieses Prinzip, und ihr seid gerettet.

Und rettet ihr euch, dann rettet ihr ALLES.

Gabriel

Schließe die Augen und entspanne dich. Atme ruhig ein und aus. Ein und aus.

Beobachte, wie sich in dir die Farbe Blau ausbreitet. Sieh ein tiefes, leuchtendes Blau. Spüre, wie du rundum von Blau umgeben bist. Alles ist blau. Und jetzt spüre, wie sich dieses Blau anfühlt.

Entdecke, daß es weiches, warmes Wasser ist. Du bist umgeben von lichtem, blauen Wasser. Du schwimmst unter Wasser, im hellen Licht, das durch die Transparenz des Wassers scheint, und du kannst unter Wasser atmen.

Es ist kein feindliches Element. Du bist Teil des Wassers.

Und jetzt spüre, wie das buchstäblich geschieht. Spüre, wie deine Grenzen sich auflösen und das Wasser in dich dringt. Spüre, wie du dich im Wasser auflöst, zu Wasser wirst und eins bist mit dem dich umgebenden, strahlenden blauen Wasser.

Fühle, wie weit du mit einem Mal bist. Grenzenlos.

Du bist der Ozean allen Wassers. Und du bist überall gleichzeitig.

An allen Ufern, in den dunkelsten Tiefen, an der glitzernden Oberfläche. Überall bist du, und überall spürst du dich und siehst du dich und die dich umfangende Erde.

Du fühlst dich sicher und geborgen.

Du bist alles und kannst nicht gemindert werden.

Fühle, wie du fließt, in Strömungen und Wirbeln. Fühle die Wellen, die der Wind an deiner Oberfläche erschafft. Fühle die Brandung, mit der du die Ufer berührst, rundherum! Fühle die Hitze unterseeischer Vulkane, die unter dir ausbrechen und dich zu Dampf werden lassen und kitzeln.

Fühle das allumfassende Bewußtsein, überall zugleich zu sein, und alles gleichzeitig zu erleben und zu spüren.

Und jetzt konzentriere dich auf deine Oberfläche.

Spüre das Licht und die Wärme der Sonne. Spüre, wie sie dich kitzelt und reizt. Wie sie dich erhitzt und betört. Sei von ihrem Licht so be-

rauscht, daß du dich in Milliarden kleiner Dampf-
partikel verwandelst und von deiner Oberfläche
weg der Sonne entgegensteigst, Erfüllung su-
chend und verspürend.

Spüre, wie die einzelnen, kleinen Dampfparti-
kel sich in einem ekstatischen Tanz vereinen und
verbinden zu einer großen Wolke, zu vielen Wol-
ken, die vom Wind getragen und von der Sonne
beschienen werden.

Fühle, wie du immer noch Wasser bist, nur
ganz durchlässig und leicht. Lasse dich treiben
vom Wind, dich wärmen von der Sonne, und spüre, wie alle Last von dir abfällt.
Sieh all deine Sorgen und Verstrickungen ver-
sinken und verschwinden im Strudel der Vergangenheit. Fühle, wie du einfach nur noch BIST und
nichts weiter mehr zählt.

Fühle, wie du dich gereinigt hast, frei bist, von
allen inneren und äußeren Verschmutzungen.

Du fühlst dich rein, leicht und frei.

☆

Nun bist du bereit zurückzukehren.
Jetzt lasse dich fallen. Frei und rein, sinkst du immer tiefer in der Wolke, von der Oberfläche an der Sonne, hinab nach unten, wirst dabei immer schwerer und schwerer, bis du zu vielen kleinen Wassertropfen wirst und herabfällst aus der Wolke.

☆

Du bist ein klarer, prasselnder Regen und fällst auf ein hohes Gebirge.
Spüre die Felsen, die du berührst, auf die du aufprallst, ohne dich verletzen zu können. Höre, was sie dir zu sagen haben, die alten Geschichten, die du schon so oft gehört hast, wenn du hier vorbeikamst bei deiner Rückkehr zur Erde.

☆

Spüre nun, wie du dich vereinigst mit den vielen, vielen Teilen deiner selbst, die herabgeregnet sind, und zu einem sprudelnden Gebirgsbächlein wirst, dich mit unzähligen Seitenarmen deiner selbst verbindest, immer größer und schneller wirst, über Wasserfälle in tiefe Schluchten stürzt, den neuerlichen Aufprall auf den Felsen spürst, als Berührung zweier Elemente.

Fließe nun durch gewundene Täler dahin, sieh die Ufer vorüberziehen, spüre, wie du immer breiter wirst, vom Bach zum Fluß zum Strom, und nun münde zurück ins Meer.

Und in dem Augenblick, wo du das Meer erreicht hast, spüre, daß du immer noch oben auf den Felsen bist, und oben in der Wolke. Du bist überall zugleich und spürst alles Licht der Sonne, alle Felsen, alle Ufer und den Ozean, zugleich in dir und um dich.

Du bist das Wasser. Alles Wasser.

Und nun spüre, wie das Wasser sich zu einem Körper zusammenfügt. Spüre, wie dein Körper sich aus Wasser bildet, wie du langsam entstehst und wächst, im Wasser, bis du wieder ein Mensch bist, mit einem Körper, der zum größten Teil aus Wasser besteht.

☆

Spüre, wie dein Körper im blauen Wasser schwimmt, vom warmen, weichen Wasser getragen wird. Und spüre nun, wie du frei, leicht und rein bist: vom Wasser gereinigtes Wasser. Auch jetzt noch bist du Wasser und trägst die Erinnerung an die Allgegenwärtigkeit des Wassers in dir. Du trägst sie für immer in dir - du mußt dich nur erinnern.

Spüre den Frieden, den dieses Bewußtsein in dir auslöst.

Spüre die Befreiung und atme tief ein und aus, ein und aus, befreit und leicht.

Meine Lieben.
Es ist Zeit, euch zu befreien von den Lasten, die euch bedrücken.

Gebt euch dem Strom des Lebens hin und laßt euch mit ihm treiben, während ihr zuseht, wie der Strom all eure Lasten von euch nimmt und mit sich fortträgt. Ihr selbst seid es, die sie festhalten. Niemand sonst belastet euch mit diesen Dingen.

Ich bin der Engel des Lebensflusses. Ich stehe euch bei, wenn es Zeit für euch ist, loszulassen und euch zu befreien von all jenen Dingen, die ihr schon zu lange mit euch herumtragt.

Bittet mich um meine Hilfe, und ich werde bei euch sein und mit dem Wasser des Lebens eure Last von euch nehmen.

Hört vor allem auf, euch selbst zu verurteilen.

Niemand verurteilt euch, außer ihr selbst. Ihr seid es, die euren eigenen Wert herabsetzt. Ihr seid es, die euch nicht für wert erachtet, die Dinge zu tun und zu erhalten, die ihr eigentlich gerne hättet.

Und dieses Bild von euch sendet ihr zu allen anderen Menschen, so daß sie euch genauso sehen.

Erkennt, daß auch all das, was ihr in anderen Menschen seht, das Bild ist, das sie selbst von sich in ihrem Herzen tragen.

Darum fangt bei euch selbst an: Liebt euch selbst, bevor ihr anfangen wollt, andere zu lieben.

Erkennt euch selbst und seht, wie einzigartig jeder von euch ist!

Und wenn ihr eure einzigartige Schönheit, euren wahren Wert erkannt habt, dann behaltet dieses Bild in eurem Herzen. Und wann immer ihr spürt, daß ihr beginnt, euren eigenen Wert herabzusetzen, dann öffnet euer Herz und betrachtet dieses wahre Bild von euch, von eurem kostbaren Inneren, aufs neue und erkennt wieder, wie wertvoll und einzigartig ihr seid.

Und nun, da ihr erkannt habt, wie groß und strahlend ihr in Wahrheit seid, betrachtet das alte Bild von euch selbst, das ihr so lange aufrechterhalten habt.
Wie sieht es aus?
Entspricht es eurem wahren Selbst?
Nehmt alle Teile einzeln hervor, schaut sie an und vergleicht das Bild, das ihr von euch geschaffen habt, mit dem wahren Kern, den ihr in eurem Innern erkannt habt.

Und nun beginnt, alle Teile, die diesem wahren Kern nicht entsprechen, loszulassen.
Sagt ihnen, daß ihr erkannt habt, daß ihr sie nicht mehr benötigt.
Und nun seht zu, wie sie sich auflösen.
Fühlt die Befreiung.

Meine Lieben!
Erkennt, daß nichts in eurem Leben sich ver-

ändern kann, wenn ihr euch nicht verändert, indem ihr das Bild, das ihr von euch selbst aufgebaut habt, erneuert!

Nur so könnt ihr zu einem neuen Menschen werden, der allen anderen Menschen neu begegnen kann.

Liebt euch selbst!

Liebt euch wirklich selbst, und alle anderen werden euch erkennen, und euch auch lieben.

Und wenn ihr euch selbst liebt, dann erst seid ihr imstande, die anderen ebenso zu lieben, und dann erst könnt ihr etwas bewegen auf der Erde.

Erst wenn ihr euren wahren Wert erkannt habt, werdet ihr den Wert der Welt erkennen.

Diese Wahrheit ist mächtiger, als ihr zunächst denken mögt, denn in ihr verbirgt sich der Zusammenhalt des Universums.

Solange ihr den göttlichen Kern in euch nicht erkannt habt, solange ihr nicht seht, daß Gott in euch selbst ist und daß ihr ein Teil Gottes seid, der sich, in euch, selbst erfährt, solange werdet ihr getrennt sein von allem, was ist.

Erst wenn ihr erkannt haben werdet, daß die göttliche Allmacht, das ALLES-WAS-IST, - Gott -, wirklich in allem ist, was existiert, in den Steinen, der Erde, den Pflanzen, den Tieren, der Luft, dem Wasser, dem Licht, dem Feuer, in aller Materie, in allen geistigen Ebenen, in ALLEM-WAS-IST, und damit auch in allen Menschen, und damit auch in dir; erst, wenn ihr Gott in euch gefunden habt, werdet ihr erkennen, daß ihr wahrhaftig ein Teil des großen Ganzen seid, untrennbar verbunden mit allem, was ist!

Dann erst werdet ihr euren Wert und eure Verantwortung erkennen und nach ihr leben!

Gott ist die Liebe
Und somit ist alles, was ist, Liebe.

Erkennt diese Wahrheit und seht, daß ihr Liebe seid.

Egal, was ihr tut, ihr seid Liebe.
Egal, was ihr tut:
Ihr könnt niemals ohne Liebe sein.

Erkennt das, und spürt wie leicht euch das macht, wie es euch befreit.

Denkt nicht, wenn ihr „Böses" tut, daß ihr ohne Liebe seid!

Es gibt nichts „Böses". Alles, was existiert, ist Gott, auch das „Böse"!

Ohne Schatten kein Licht.

Gott trat aus der Einheit, um sich selbst zu erfahren, und schuf so die Dualität.

Doch Dualität bedeutet keine Wertung.

Die gegensätzlichen Aspekte des Seins sind weder gut noch schlecht. Sie sind einfach da, um sich gegenseitig zu ermöglichen.

Es gibt nichts Schlechtes.

Es gibt alles, um es zu erfahren. Und alles, was existiert, ist einfach da, weil Gott es erschaffen hat, um sich daran zu spüren.

Somit ist alles Liebe, auch das „Böse".

Es ist lediglich die Leinwand, um darauf das „Gute" zu erkennen.

Begreift diesen Grundsatz, und ihr werdet befreit sein.

Hört damit auf, euch selbst zu verurteilen für die Dinge, die ihr getan habt. Laßt sie einfach hinter euch, wenn ihr das Gefühl habt, daß sie euch nicht nützen, und wiederholt sie nicht. A-ber verurteilt euch nicht dafür, daß ihr sie getan habt, denn dadurch gebt ihr diesen Dingen Macht über euch und macht euch klein.

Befreit euch von diesen Dingen.

Ihr habt die Macht über sie.

Ihr seid die Macht!

Erkennt diese Wahrheit und handelt nach ihr.

Beschließt, die Dinge, die euch nicht gut tun, nicht zu wiederholen, und dann laßt sie los, laßt sie ziehen.

Und wenn es euch doch wieder passieren sollte, dann haßt euch nicht dafür!

Betrachtet, was geschehen ist und beschließt erneut, es nicht mehr zu brauchen und es loszulassen.

Und wenn es euch wieder passiert, dann seid nicht verzweifelt. Wenn ihr lange und beharrlich genug loslaßt, dann wird sich alles, was euch behindert, auflösen und ihr werdet frei sein.

Doch verurteilt euch niemals für die Dinge, die ihr getan oder nicht getan habt.

Liebt euch trotzdem, oder gerade deswegen, umso mehr, wie eine Mutter es tun würde, und helft euch mit dieser Liebe, frei zu sein von Dingen, die ihr nicht wirklich wollt, benötigt oder seid.

Doch seid unbedingt geduldig mit euch!

Mauern, die in jahrelanger Arbeit aufgebaut wurden, können nicht mit einem Mal spurlos beseitigt werden.

Reißt zunächst Löcher hinein und laßt das Licht hereinströmen, und in diesem Licht könnt ihr dann sorgfältig und liebevoll aufräumen, bis alles so ist, wie es eurem Kern entspricht.

Liebt euch selbst, meine Lieben, denn ihr habt es verdient.

Liebt euch selbst so, wie ich euch liebe.

Und vergeßt niemals, daß ihr ein Teil des Ganzen und mit allem verbunden seid. Untrennbar!

Ich bin ihr und ihr seid ich

Wir sind alle eins.

Wir sind die Liebe und die Kraft.

Lebt in diesem Bewußtsein, und ihr werdet Wunder vollbringen.

☆☆☆☆☆

Als Ergänzung diese MEDITATION VON HANIEL

DIE LIEBE ZU SICH SELBST FINDEN

Atme tief ein und aus. Folge deinem Atem hinein in deinen Körper, heraus aus deinem Körper. Spüre, wie die Luft sich dir bewußt zur Verfügung stellt, wie dieser Prozeß aus Liebe geschieht. Die Luft liebt dich, und du liebst sie, denn sie ermöglicht dir den Atem und erhält dich so am Leben.

☆

Folge nun deinem Atem tief in deinen Körper.

Stell dir vor, wie du tief in deinen Körper hinabsteigst, wie in einen unendlich tiefen Keller.

Sieh dir an, wie es auf dem Weg dorthin aussieht!

Ist es hell? Ist es dunkel? Ist es sauber? Ist es schmutzig?

Sieh dir das alles an und beobachte es, aber beurteile es nicht.

Steige immer weiter hinab in deinen tiefsten Keller, bis du ganz unten angelangt bist.

Nun schau dich um und sieh, wie es hier aussieht.

Du weißt, daß es hier irgendwo einen Zugang gibt zum Allerheiligsten, zur Schatzkammer. Suche diesen Zugang, und wenn du ihn gefunden hast, dann erkenne, wie er zu öffnen ist!

Ob du ein Zauberwort benötigst und wie es wohl lautet, ob du einen Schlüssel brauchst und wo er sich wohl befindet.

Sieh dich um in diesem tiefen, engen Raum, in dem du bist, und vertraue auf dich, daß du den Eingang finden wirst.

Erkenne nun, daß der gesuchte Eingang sich die ganze Zeit direkt vor dir befand und du ihn immer übersehen hast.

Sieh nun, daß er sich ganz leicht öffnen läßt, und das Zauberwort (und Schlüssel) ist die Liebe.

Fühle, wie das Gefühl der Liebe dich durchströmt und beobachte, wie sich die Türe vor dir weit öffnet, zu einem großen Portal wird, und wie gleißendes Licht herausströmt und dich empfängt.

☆

Tritt nun ein ins Allerheiligste, in die Schatzkammer deiner Seele.

Sieh dich um und erkenne, was für einen unschätzbaren, riesigen Reichtum du in deinem Inneren besitzt.

Erkenne, was für ein reicher Mensch du bist, ohne es bisher gewußt zu haben.

Gehe nun durch die große Halle, die deine Schatzkammer ist, und sieh dir an, was sich hier alles an Schätzen befindet.

☆

Sieh, wie die riesige Halle selbst ein unermesslicher Schatz ist, aus kostbaren Materialien, in einmaliger Architektur. Sieh die Schätze, die überall herumstehen, die großen Kristalle, die Juwelen und all die anderen, prachtvollen Dinge, die hier darauf warten, von dir entdeckt und genutzt zu werden.

☆

Geh immer weiter durch diese riesige Halle der Schönheit und entdecke nun vor dir, in ihrem Zentrum, einen kleinen Tempel, der den größten Schatz enthält: den Kern deiner Seele!

☆

Schau dir diesen Tempel an, wie wunderschön, filigran, reich geschmückt er ist.

☆

Tritt nun ein in diesen innersten Tempel und verharre einen Moment in ehrfürchtiger Ruhe.
Fühle, wie hier eine Kraft vibriert, die geradewegs aus der Quelle kommt.
Fühle, wie diese Kraft deine direkte Verbindung zu Gott ist, dein göttlicher Kern, der immer in dir ist und niemals verschwinden kann.

☆

Tritt nun näher ins Zentrum und sieh hier einen kostbar verzierten Schrein, in dem es zu pulsieren scheint.

Knie nun vor dem Schrein nieder und mache dich innerlich bereit, deinem Wesenskern, deiner Seele, ins Antlitz zu schauen.

Strecke die Hand aus und berühre den Schrein. Spüre, wie er sich anfühlt, ob er aus Holz, aus Metall, oder aus Edelstein ist.

Greife nun den Verschluß des Deckels und öffne ihn!

Sieh das gleißende Licht der Liebe, das dir entgegenstrahlt.

Öffne die Augen für dieses Licht und schaue deinem innersten Kern ins Antlitz, und nun sieh, was du erkennst:

Du bist reines, pulsierendes Licht der Liebe.
Du bist die Liebe selbst.

Fühle, wie diese Erkenntnis dich erfüllt und trägt, wie du warm und weit wirst, wie deine Liebe sich von dir strahlenförmig, wie das Licht einer Sonne, ausbreitet, rundherum, überallhin, und alles mit dem strahlenden Licht der Liebe überflutet.

Spüre, wie von allem, auf das deine Liebe trifft, noch mehr Liebe zu dir zurückgesendet wird, wie du in einem Meer des Lichts badest, das dich trägt und befreit, und daß dieses Meer ganz aus Liebe besteht.

Nun bist du angekommen in deinem innersten Kern, und dieser innerste Kern ist Gott.

Genieße dieses Gefühl der absoluten Einheit so lange du kannst.

Nun sieh dieses Bild deines innersten Kerns aus Liebe ständig vor dir und beginne dich auszuweiten, dich auszubreiten über die Grenzen des Tempels hinaus, über die Grenzen der Schatz-

kammer hinaus, in deinen Körper hinein.

Fülle deinen Körper wieder ganz aus, immer im Licht deines innersten Kerns.

Sei nun wieder ganz in dir, in deinem Körper, und halte weiter das Bild deines innersten Kerns vor dir.

Erkenne, was dieser innerste Kern bedeutet:

Du bist mit Gott verbunden.
Du bist immer ein Teil Gottes.
Und Gott ist du!

Laß das Licht dieses Bewußtseins deinen Geist, und, vor allem, dein Herz erleuchten.

Wann immer du das Gefühl hast, wertlos, unrein, schlecht zu sein, kehre zurück zu deinem innersten Kern, öffne den Schrein und laß das Licht der Liebe, das Licht Gottes, heraus, das du in dir verschlossen hast, und erkenne:

Du bist einzigartig, wertvoll, wunderbar,
denn du bist Gott,
der sich in viele, einzelne Teile aufgespalten hat.
Du bist eines dieser Teile und immer <u>ganz</u> Gott!

Erkenne diese Wahrheit und lebe nach ihr!

Trachte danach, das Licht der Liebe in dir, das Licht Gottes, immer in dir zu spüren und immer aus dir herausstrahlen zu lassen.
Das soll dein Ziel sein.
Sei dir dessen bewußt, wo immer du bist, was immer du tust.
Erkenne, daß dein ganzes Leben erfüllt ist von dieser Liebe, da es gar nicht anders möglich ist, wenn du erst einmal deine Schatzkammer geöffnet und das Licht befreit hast, das so lange in dir eingekerkert war.

Liebe!
Denn du wirst geliebt.
Denn du bist die Liebe!

Raphael

Versenke deinen Geist tief in dich. Atme ein und aus. Beobachte deinen Atem, wie er fließt. Atme tief ein und aus und spüre die Luft, wie sie durch deinen Körper strömt.

Ein und aus. Ein und aus.

Und nun lasse dein Bewußtsein überspringen von deinem Körper auf die Luft in deiner Lunge.

Sei die Luft und spüre, wie es sich anfühlt, in dem Körper zu sein, der dich gerade eingeatmet hat.

Fühle den Sog, der dich hineinzieht, fühle die Wände der Luftröhre, durch die du gezogen wirst, und jetzt fühle, wie du aus der engen Luftröhre austrittst in die Weiten der Lunge. Fühle, wie du dich ausbreitest in die gesamte Lunge, bis in die Spitzen, wo die Bläschen sitzen. Fühle, wie du in jedes einzelne Lungenbläschen eindringst und wie dir dort der Sauerstoff entnommen wird. Fühle, wie das kribbelt. Und jetzt fühle, wie du zurückgezogen wirst, durch die Lunge, durch die Luftröhre, ins Freie hinaus.

Spüre, wie du plötzlich frei bist und dich ausbreitest, ins Freie hinaus, über Häuser, Bäume, Felder.

Fühle, wie du dich ausbreitest über die gesamte Erde, wie du frei und weit bist. Genieße diese Freiheit.

Spüre die Temperaturunterschiede, die dich einhüllen, von eisiger Kälte an den Polen bis zu flirrender Hitze über den Wüsten. Spüre, wie das Licht der Sonne dich durchdringt und erfüllt, spüre auf der Nachtseite das prickelnde Licht der Sterne und des Mondes.

Fühle, wie du ein riesiger Mantel bist, der die Erde umhüllt und schützt. Spüre die Bäume der Erde, die dir Sauerstoff zuführen, und spüre die Lebewesen, die dich einatmen und den Sauerstoff wieder aufnehmen.

Spüre diesen unendlichen Rhythmus des Ein und Aus, dem du als Luft ebenso unterworfen bist wie als Mensch oder Tier oder Pflanze.

Und spüre so die Einheit, die Verbundenheit mit ALLEM-WAS-IST.

Fühle nun, wie sich die Grenzen verwischen zwischen dir Luft und dir Mensch, wie du eins wirst mit dem Menschen und er eins wird mit der Luft.

Lasse den Rhythmus des Ein und Aus, Ein und Aus, den du noch immer verfolgst, zum Tanz des Lebens werden, zum Symbol der Einheit von dir und allem, was ist, durch die Brücke der Luft.

Danke der Luft, daß sie dich nährt und mit allem verbindet, fühle, wie du als Luft dir dankst, daß du dich ein- und ausatmest, daß du dich brauchst.

Fühle, daß ihr ohne einander nicht existieren könnt. Fühle, wie ihr eins seid.

☆

Atme ein und aus in diesem Gefühl der unendlichen Verbundenheit.
Behalte dieses Gefühl in dir, solange du kannst.

☆☆☆

Meine Lieben!
Das Element Luft spricht ständig zu euch und ist traurig, daß ihr ihm nicht zuhört. Es ist dasjenige Element, mit dem ihr tagtäglich den meisten Austausch habt, und dennoch ignoriert ihr es, und nehmt es für selbstverständlich.

Ihr verschmutzt es durch Abgase und negative Gedanken. Ihr entzieht euch auch hier eure Lebensgrundlage ohne kaum darüber nachzudenken.

Die Elemente rüsten zum Kampf gegen euch, und ihr wißt das.
Ihr spürt es, und anstatt eure Richtung zu ändern, fordert ihr einen Kampf heraus, den ihr nicht gewinnen könnt!

Denn ihr seid ein Teil der Elemente, ihr besteht aus den Elementen, und wenn eure Grundlagen euch bekämpfen, dann seid ihr verloren.

Noch ist es Zeit, den Kampf zu verhindern. Noch habt ihr die Möglichkeit dazu!

Die Elemente sind euch nicht böse, denn das ist nicht ihre Natur.

Doch sie müssen ihre Kraft verteidigen, die ihr ihnen zu nehmen droht, und das ist nichts anderes als Notwehr.

Das Element Luft, dessen Hüter und Fürsprecher ich bin, spricht schon lange zu euch.

Aber ihr überhört selbst seine stürmischsten Botschaften.

Diejenigen unter euch, die bereits einen starken Sturm erlebt haben, wissen, wovon ich spreche.

Doch leider sitzen die meisten von euch in ihren (scheinbar) sicheren Schachteln und sehen auf den Bildschirmen einen müden Nachhall des wütenden Tobens, der urwüchsigen Kraft dieses Elements, und so entzieht es sich eurer Realität.

Geht hinaus in die Natur, meine Lieben.

Öffnet eure Sinne und hört auf das, was die Elemente euch zu sagen haben.

Und vertraut auf eure Fähigkeit, ihre Stimmen zu verstehen.

Ihr habt diese Fähigkeit, denn ihr wurdet mit ihr geschaffen, und ihr seid Teil der Elemente!

Erkennt das, und folgt dieser Erkenntnis.

Erkennt, wie dumm es ist, sich gegen sich selbst zu stellen. Erkennt die Sinnlosigkeit eines solchen Kampfes.

Und dann erkennt die unendliche Macht, die euch die Verbindung zu den Elementen schenkt! Welche Kraft ihr schöpfen könnt aus dem Einklang der Elemente mit eurem Selbst!

Wenn ihr diese Kraft frei fließen lassen könnt, dann seid ihr gerettet.

Werdet wieder Teil im pulsierenden Rhythmus des Lebens, aus dem ihr euch nach und nach herausgelöst habt.

Kehrt zurück in den Schoß der Natur und erkennt die einfache Wahrheit:

Ihr seid die Natur!

Diese Wahrheit ist so einfach, daß ihr sie immer wieder übersehet.

Ihr seht euch als etwas von der Natur Getrenntes an und erklärt die Natur zu eurem Feind.

Doch die Natur, das seid ihr! Und ihr werdet zu eurem eigenen Feind, wenn ihr die Dinge so betrachtet!

Erkennt, daß ihr euer bester Freund seid, denn nur ihr selbst könnt euch helfen, die Verbindung zu den verlorenen Teilen eures Selbst wiederzufinden. Ihr selbst müßt die Tür in euch öffnen und erkennen, daß ihr Teil des Ganzen seid und untrennbar mit ihm verbunden.

Alles ist eins.

Seht dieses Bild vor euch und erkennt, was es bedeutet:

Alles ist ganz anders, als ihr bisher glaubtet. Es liegt in euren Händen, eure Welt zu verändern, denn wenn ihr euch ändert, ändert sich durch euch die Welt.

Erkennt, welche unendliche Macht in dieser Wahrheit liegt.
Sie ist eure direkte Verbindung zu Gott.
Ihr seid Gott in dieser Wahrheit, und das ist seine Botschaft an euch.
Erkennt seine Botschaft, wie sie in allen Formen, Farben und Worten zu euch kommt und euch immer das eine sagt:

Nehmt eure göttliche Macht zurück und wendet sie an!

Erkennt euren Anteil an der Allmacht Gottes an und werdet ein verantwortungsbewußter Teil Gottes!

Fürchtet euch nicht länger vor dieser Verantwortung, sondern nehmt sie freudig an, denn sie ist euer Erbteil von Anbeginn!

Ihr seid lange durch das Dunkel gewandelt: Wendet euch nun endlich dem Licht zu!

Begrüßt das Licht der Liebe mit Freude in eurem Herzen, denn es ist der Teil von euch, den ihr lange verleugnet habt und der nun zu euch zurückkehren will.

Nehmt ihn mit offenen Armen auf und werdet wieder eins, auf daß ein neues Kapitel beginnen möge auf den Seiten der Ewigkeit!

Diese Macht, diese Kraft, liegt in euch und wartet nur darauf, von euch in Empfang genommen zu werden. Wenn ihr verzweifelt und nicht wißt, wie ihr das tun sollt, so bittet uns um Hilfe. Wir werden da sein.

Erkennt, daß wir euch nur helfen können, wenn ihr uns darum bittet, denn sonst dürfen wir uns nicht einmischen, da ihr den freien Willen habt und alles damit erschaffen könnt, was ihr wollt.

Auch wenn ihr meist aus Unwissenheit das erschafft, was ihr eigentlich nicht wollt.

Bittet also, und Hilfe wird euch zuteil werden.

Lernt, auf unsere sanften Stimmen zu hören. Lernt, die Zeichen zu deuten, die sich in euren Leben häufen!

Diese Zeichen werden euch von dem unterdrückten Teil in euch gesandt, auf den ihr schon so lange nicht mehr hört.

Ihr selbst seid euer Gott, und wenn ihr das begriffen habt und Gott nicht mehr im Außen, sondern in euch selbst sucht, so werdet ihr ihn finden und seine Stimme hören!

Diese Worte sendet euch Raphael.

So habt ihr mich genannt, und so nenne ich mich für euch, um euch das Verständnis zu erleichtern.

Nennt mich einen Engel, wenn ihr das wollt.

Wenn euch das nicht gefällt, so erkennt, daß ich eine allgegenwärtige Energie der Heilung bin, mit euch allen verbunden, für jeden einzelnen von euch erreichbar und für jeden einzelnen von euch hilfreich, wenn er sich in meine Schwingungsfrequenz begibt und sich mit mir verbindet.

So sind wir Engel allgegenwärtig, nicht als Person, sondern als Schwingung, die eure in Unordnung geratenen Schwingungen zu harmonisieren imstande sind.

Letzten Endes sind wir alle die Schwingung der Liebe, denn sie ist die treibende Kraft des Universums, der Ursprung, und das Ende, das es nicht gibt.

Alles ist Liebe, schon immer, für immer: Auch ihr, die ihr ebenso unendlich und unsterblich seid wie Gott, wie ALLES-WAS-IST.

Nur Form verändert sich, das Sein bleibt bestehen.

In dieser tiefen, allumfassenden, unendlichen Liebe sind wir für alle Zeit verbunden.

Spürt diese Liebe und die Kraft, die sie euch gibt.

Diese Liebe ist Gott. Ist die alles bewegende Kraft, die das Universum immer neu erschafft, im Auf und Ab, im Hin und Her, im Ein und Aus eures Atems, der ein Symbol ist für die Unendlichkeit des Seins.

Öffnet eure Herzen für die Kraft dieser Liebe, und wandelt in ihrem Licht, meine Lieben.

Die Zeit für euch ist da!

Metatron

Ihr Menschen, ihr lieben Menschen!

Hier spricht Metatron, den ihr so genannt habt und der nun, unter diesem Namen, die Möglichkeit hat, zu euch zu sprechen.

Versteht, daß wir Erzengel, wir Engel im allgemeinen, nicht ganz so aussehen, wie ihr euch das gerne vorstellt.
Und doch, wenn ihr, im festen Glauben an uns, euer Bild von uns vor euren Augen erstehen laßt, dann sind wir genau so, wie ihr es euch vorstellt, denn ihr habt die Macht des Geistes, unsere Gestalt zu formen.

Seht, zuerst einmal sind wir reine Energie. Wir sind Teile Gottes, ausgesandt in dem Frequenzbereich zu wirken, dem wir zugeteilt worden sind.
Im Laufe der Jahrtausende gab es immer wieder sensitive Menschen, die uns gespürt, gesehen haben, und so sind uns in dieser Zeit Gestalt und Name zuteil geworden.

In der christlichen Tradition sind wir Engel Helfer, von Gott gesandt, den Menschen beizustehen.

Andere Glaubensrichtungen sehen uns als Götter, wieder andere als Naturelemente, die aus der Kraft der Großen Göttin wirken, und wieder andere sehen in uns die Spektren des Lichts, die ihre Strahlen, zum Wohle der Erde und der Menschheit, überallhin senden.

Und sie alle haben recht, denn sie alle sehen das, was ihrem Weltbild entspricht, und sie alle erschaffen ihre Welt mit der Kraft ihres Geistes.

Wir sind Heilenergien, die direkt aus der Quelle der Kraft stammen, und wir sind machtvoll und licht.

Wir sind alle eins, und doch ist jeder von uns verschieden von den anderen, da es im ganzen Universum niemals zweimal dasselbe gibt.
Alles ist einmalig, da jedes sich von Gott abspaltende Teil seine ganz eigene Entwicklung aufnimmt und seinen ureigenen Weg geht.

So ist es geschehen, daß eine Vielzahl von Engeln um euch herum zu existieren begann, und jeder Mensch, der sich diesen Energien öffnet, hat die Möglichkeit, auf seine ganz einzigartige Weise neue Engelskräfte zu spüren, da er unsere Gegenwart durch seine Möglichkeiten und seinen „Filter" wahrnimmt.

Und doch ist das alles wahr, sind alle Empfindungen und Wahrnehmungen Wahrheit, da sie für euch, in eurer eigenen Welt erschaffen wurden, durch euch selbst.

Erkennt diese Wahrheit an, meine lieben Menschen, und ihr werdet einen großen Schritt getan haben.

Die Macht der Liebe ist es, die uns alle verbindet und eins macht.
Die Macht der Liebe ist Gott, das Ganze, von dem wir, jeder einzelne, Teil sind und in dessen Zentrum wir unseren gemeinsamen Ursprung finden.

So sind wir alle Teile der Liebe. Und da die Liebe nicht teilbar ist, sondern wächst, wenn man sie teilt, sind wir alle, jeder einzelne von uns, das gesamte, komplette Spektrum aller Liebe, die existiert!

Wir müssen das nur erkennen.

Ihr müßt das erkennen, durch die Mauern und Türen, die ihr um euch selbst herum aufgebaut und verschlossen habt.
Öffnet die Schleusen zum Kanal eurer direk-

ten Verbindung zur Quelle, zu Gott. Oder wie auch immer ihr ihn oder sie nennen wollt!

Es wird Zeit für euch, das verzerrte Bild eures „Gottes" abzulegen und der Wahrheit ins Antlitz zu schauen!

Gott, die Quelle, das ALLES-WAS-IST, ist so viel mehr als der himmlische Vater, den ihr so lange angebetet habt.
Erschreckt nicht, er ist auch das! Doch er ist noch viel mehr darüber hinaus!

Er ist alles!

Diese Wahrheit ist so groß, daß ihr sie kaum ermessen könnt.
Ihr könnt es lediglich versuchen.

Gott ist die Göttin.
Vater und Mutter.
Himmel und Hölle.
Oben und Unten.

Und er ist das alles auch nicht!
Denn er macht alles möglich, auch die Verneinung aller Wahrheiten, ihre Auflösung!
Und in euch ist er das, was ihr aus ihm macht.

Und ihr macht so viel aus ihm, und doch werdet ihr ihm niemals gerecht, denn ihr verkleinert ihn im selben Maße, wie ihr euch selbst verkleinert.

Hört damit auf, in engen Kisten zu denken!

Öffnet alle Deckel und laßt eure vielen, kleinen Bilder herauskommen und sich zu einem großen, vielschichtigen Bild vereinigen.

Gott ist in euch.

Diese Wahrheit befreit euch von allen Sorgen, wenn ihr sie erst einmal wirklich akzeptiert habt. Doch das fällt euch so unendlich schwer.

Zu lange habt ihr euch eingeredet, von Gottes Liebe abgetrennt und ihrer unwürdig zu sein.
Doch meine Lieben bedenkt, kann das überhaupt möglich sein?

Es ist nicht möglich!

Könnt ihr euch von euren liebsten Kindern abtrennen und sie nicht mehr lieben? Könnt ihr ungeschehen machen, daß sie ein Teil von euch sind?

Manche von euch mögen denken, daß dies möglich sei. Doch sie irren sich. Selbst wo ihr haßt, da liebt ihr noch, auch wenn es euch so erscheint, denn auch der Haß ist ein Teil der Liebe, untrennbar mit ihr verbunden.

Und Gott haßt nicht, denn Gott ist die reine Liebe, und die Liebe trägt alle Formen des Hasses in sich, und hebt sie auf.

Gott ist kein Richter, kein Henkersknecht, kein Folterer.

Erst wenn ihr, kraft der Macht eures freien Willens, den er euch schenkte, ihn zu dem macht, wird er das für euch.

Doch das ist eure Entscheidung, nicht seine.

Er ist immer in euch, und so beobachtet er, was ihr tut, ja er tut es selbst, und erlebt so den Schmerz oder die Freude mit euch und erfährt so seine Allmacht in euch.

Eurem begrenzten Denken mag dies paradox erscheinen, doch Gottes Macht äußert sich in eurer Fähigkeit des freien Willens.

Ihr gestaltet euer Leben so, wie ihr es wollt, auch wenn ihr es leider meist unbewußt tut, und daß das möglich ist, macht Gottes Allmacht aus.

Und da Gott in jedem einzelnen Menschen, ja in jedem einzelnen Atom im Universum, sein Bewußtsein hat, verwebt sich alles zu einem unermeßlichen, komplexen Muster, dessen gemeinsame Quelle eurem begrenzten Denken unmöglich erscheint.

Und doch ist es so.

Das ist meine Botschaft an euch:

*Versucht die Begrenzung eures Geistes
zu überwinden!
Werft die Ketten eures Geistes ab,
und lernt zu akzeptieren,
daß die Welt viel weiter ist als euer Geist.*

*Seid offen, und seid bereit,
Dinge anzunehmen,
von denen ihr bisher glaubtet,
sie gehörten in das Reich der Magie
und der Phantasie!*

*Erkennt, daß die Phantasie ebenso eine Form der
Realität ist, wie euer tägliches Leben,
und daß ihr mit der Kraft eures Geistes,
der Gottes Geist ist(!),
fähig seid, alles zu erschaffen,
was euch in den Sinn kommt.
Ja, daß ihr das sogar tatsächlich, ständig tut,*

auch wenn ihr es nicht immer greifbar
vor euch seht!
All eure Gedanken sind Realität und Kraft
und bewirken eine Veränderung im Kosmos.
Erkennt die Verantwortung,
die diese Wahrheit mit sich bringt.

Ihr sendet all eure Gedanken ins Universum
hinaus, und sie bleiben für immer bestehen.

Und nun stellt euch vor, wenn unbewußt ausge-
sandte Gedanken schon eine solche Macht haben,
wie ihr mit bewußt gesteuerter Gedankenkraft
Einfluß auf euer Leben haben könnt!
Hier liegt das Zentrum eurer Macht:
Ihr seid die Meister eures Lebens, und ihr er-
schafft euch eure Realität.

Gott will es so, denn er ist es,
der sich auf diese Art Abermillionen von Leben
und Realitäten erschafft und sich in diesem ei-
nen, existierenden Moment der Schöpfung
immer und immer wieder aufs neue erfährt!

Fühlt die Befreiung, die diese Wahrheit euch
bringt!

Ihr seid keine armen Sünder, die sich hier auf Er-
den ihre Schuld von den Schultern büßen müssen!

Ihr seid schimmernde, funkelnde Splitter von Gottes Geist, der sich durch euch des Daseins erfreut und alle Möglichkeiten des Erlebens auskostet.
Die guten wie die „schlechten"!
Wenn ihr fröhlich seid, dann freut euch, und wenn ihr traurig seid, dann genießt die Trauer, denn nichts währet ewig, und der nächste Moment trägt alle Überraschungen des Universums in sich!

Genießt euer Leben!

Das ist die Botschaft der Engel an euch!

Erkennt, wer ihr seid und freut euch an eurem Sein!
Erkennt eure göttliche Macht und erschafft euch das Erleben, das euch weiterführt auf dem Weg des Lichts der Liebe!

Nehmt dabei alle Hilfe in Anspruch, die ihr zu benötigen glaubt, bittet uns, und wir sind immer für euch da!

Doch erkennt, daß ihr, wenn ihr euer Bewußtsein weit genug geöffnet habt, keinerlei Hilfe mehr benötigt, denn alle Macht des Universums liegt in euch selbst.
Erkennt diese Wahrheit an, und lebt nach ihr.

Gott ist mit euch, meine Lieben!
Und seine Engel sind es auch.

Wir sind alle Teil des großen Ganzen,
und zusammen sind wir das große Ganze!

So sind wir untrennbar verbunden
und werden es für immer sein.
Das gibt euch Kraft und Mut,
wenn ihr es einmal für euch akzeptiert habt.
Und das ist der Schritt, den ihr als erstes tun
müßt:

Erkennt, wer ihr seid, und ihr seid gerettet.

Spürt die Liebe, die ihr seid,
und lebt in ihrem Licht!

Epilog

Ich hatte schon seit längerem, mehr unbewußt als bewußt, das Gefühl, daß irgend etwas in meinem Leben fehlt. Aber ich dachte nie darüber nach. Im Trubel des Alltags, zwischen den kleinen und großen Nöten, war keine Zeit, einmal innezuhalten und mich selbst anzublicken.

Warum eigentlich nicht? Heute stelle ich mir diese Frage, aber damals tat ich es nicht. Das Leben, so wie es uns erscheint, so wie wir es sehen möchten, läßt Platz für Dinge, die über das Anfaßbare, unmittelbar Fühlbare hinausgehen.

Ich habe mich zwar schon immer für „übersinnliche" Phänomene interessiert, aber über ein unbestimmtes Interesse hinaus hatte das alles nichts mit mir selbst zu tun. Auch hatte ich mich in den letzten 7 Jahren mehr oder weniger (mal mehr, mal weniger) intensiv mit der „Esoterik" (ich schreibe das absichtlich in Anführungszeichen) beschäftigt. Aber neben einem teilweise sehr starken Interesse für diese Dinge lief auch immer eine unleugbare Skepsis nebenher. Diese Skepsis resultierte sicher aus mehreren Dingen: Erziehung, Religion, täglichem Leben, Unsicherheit aber vor allem dem völligen Fehlen unmittelbarer Erfahrungen, abgesehen von einem unbestimmten Gefühl für die Wahrheit in bestimmten Ideen.

Auch hatte ich schon immer eine große Scheu vor spirituellen Lehren aller Glaubensrichtungen und vor Glaubensbekundungen, vor den abgefaßten, redigierten und weitergetragenen Erfahrungen einzelner, die damit schnell in den Rang eines Gurus oder gar Religionsstifters gezwängt (oder erhöht) wurden. Ich hatte (und habe noch immer) ein ungutes Gefühl, wenn es um solche Dinge geht.

So weit, so gut. Ich lebte also brav mein normales, modernes Leben, mit Freuden und Nöten, und ständig im vagen Gefühl befangen, irgend etwas Wichtiges zu vermissen.

Den Sinn des Lebens? Die Frage stellte sich selten, da der moderne Alltag so viel Gelegenheit bietet, sich von dieser unbequemen Frage fernzuhalten. Es gibt ja immer etwas Wichtiges zu tun.

Dann geschah etwas, das dieses Muster aufbrach. Ich wurde krank. So plötzlich und so sehr, daß ich, als ich im Krankenhaus in der Notaufnahme lag und hektisch von Untersuchung zu Untersuchung gefahren wurde, plötzlich dachte: „Das war's dann jetzt wohl. Dieses Leben geht jetzt zu Ende."

Ich spürte, wie die Lähmung in meinem Körper immer höher und höher stieg, und dachte, wenn sie bis ganz nach oben kommt, ist es vorbei.

Im ersten Augenblick war ich zwar etwas erschrocken, aber gleichzeitig stand ich wie neben mir und beobachtete das ganze Geschehen gleichsam von außen.

Das fing eigentlich schon zu Hause an. Als morgens plötzlich diese starken Schmerzen einsetzten, wußte ich: „Jetzt wird´s ernst." Und ein Teil von mir erkannte ganz klar, daß ich im Krankenhaus landen würde. Wie absurd. Der andere Teil hörte nicht darauf und versuchte krampfhaft die Normalität so lange wie möglich aufrechtzuerhalten.

Erst als der Arzt nicht mehr weiterwußte und einen Krankenwagen bestellte, spürte ich eine Verbindung zwischen den beiden Teilen meines Ichs.

Von da an war ich ganz ruhig. Ich spürte, was auch immer geschieht, nimmt nun seinen Lauf und ich kann nichts mehr daran ändern. Es tat auch gut, sich nach dem Schock, nicht mehr laufen zu können, einfach fallen zu lassen, die Verantwortung abzugeben und einfach nur noch zu sein.

Angst war natürlich auch noch da: Was ist das? Woher kommt es? Wohin führt es? Geht es wieder weg? Bin ich todkrank? Werde ich sterben? Wenn nicht, werde ich wieder gesund?

All diese Fragen umschwirrten mich aber eher beiläufig, denn ab einem gewissen Punkt hatte ich das Gefühl: „Heute sterbe ich!"

Und seltsamerweise machte mich diese Gewißheit so frei wie nichts jemals vorher. Ich spürte eine Befreiung von allen Sorgen, Belastungen und Ängsten. Ich war ganz ruhig und friedlich.

Zwar war ich auch traurig, meine Kinder und alle meine Lieben nicht mehr wiederzusehen, aber auf seltsame Weise hatte das gar kein Gewicht. Ich fühlte eine alles verbindende Liebe, die keine Trauer und keinen Schmerz aufkommen ließ. Ich war geradezu glücklich. Seltsam.

Irgendwann stellte sich dann heraus, daß ich wohl vorläufig doch nicht sterben würde, aber das nahm ich eher nebenbei zur Kenntnis, denn ich war im Geiste ganz wo anders.

Das war eines der einschneidensten Erlebnisse meines Lebens, bis dahin.

Aber sehr bald nahm mich der Alltag wieder gefangen, diesmal mit Diagnosen, Therapien, Prognosen und Einschränkungen, so daß diese Gelöstheit des Geistes bald wieder schwand.

Interessanterweise war ich gar nicht besonders verzweifelt darüber, gelähmt zu sein. Ich fing relativ nüchtern an, darüber nachzudenken, wie mein Leben wohl im Rollstuhl weitergehen könnte, denn keiner konnte mir sagen, ob diese Lähmung wieder verschwinden würde.

Ich sagte innerlich dem Theater ade. Vielleicht noch Regie führen, schreiben. Synchronisierungsmöglichkeiten würde es immer geben. Aber die Wohnung im zweiten Stock, ohne Aufzug – ein echtes Problem.

Nicht, daß ich froh gewesen wäre. Aber eine echte Verzweiflung angesichts eines derartigen Schicksalsschlags konnte mich auch nicht befallen. Vielleicht wußte ich auch tief drinnen, daß es nicht so bleiben würde.

Ich bin eigentlich nicht religiös. Jedenfalls nicht im Sinne der (katholischen) Kirche. Über den aufgezwungenen Religionsunterricht in der Schule und die spärlichen Kirchenbesuche bei unumgänglichen Anlässen im Lauf der Jahre hinaus, blieb mir die Religion eher fremd. Zu viel widersprach und widerspricht meinem Empfinden, meiner Vernunft.

Trotzdem war mir der Gedanke an einen Schutzengel nie ganz fremd, hat er doch etwas ungemein Tröstliches an sich.

Und dann hatte ich ein Erlebnis:

Es war im Mai oder Juni 1993, auf der Rückfahrt von Ischia nach Zürich. Wir waren abends losgefahren, und morgens gegen sechs oder sieben Uhr fuhr ich in den Gotthard-Tunnel hinein. Meine Frau und mein Sohn schliefen, und mich

überkam, kaum daß ich in den Tunnel hineinge-
fahren war, eine solch bleierne Müdigkeit, daß
ich die Augen nicht mehr offen halten konnte.
Nirgends eine Möglichkeit anzuhalten, und auf
die Idee, meine Frau zu wecken, um mit irgend
jemandem reden zu können, kam ich nicht. Ich
kämpfte einen verzweifelten Kampf, und schließlich verlor ich und schlief ein.

Ich erinnere mich daran, daß ich abtauchte
in ein tiefes Traumland, mein Problem mit dem
Wachbleiben war gelöst, und es ging mir gut.
Dieser Zustand schien lange anzuhalten, in
Wirklichkeit kann es nur sehr kurz gewesen
sein, und dann drang durch diesen weichen
Sumpf des Vergessens plötzlich eine Stimme zu
mir durch, die mich entsetzlich laut anschrie.

Es war ganz merkwürdig, denn ich wußte in
diesem Augenblick genau, diese Stimme kam
nicht aus mir, von mir. Als ich sie hörte, wußte
ich das.

Ich erwachte, zu Tode erschrocken, und war
hellwach, vom Adrenalin geweckt.

Das Besondere war: die Stimme hatte eigentlich nur ein lautes, langgezogenes und sehr
energisches: „Heee!!!" geschrien - Ich höre es
heute noch.

Aber in diesem einen Wort, dieser einen Sil-
be, war eine ganze Predigt beinhaltet, Dinge
wie: „Wach sofort auf! Was fällt dir ein?! Reiß

dich zusammen! Es ist noch viel zu früh, deine Aufgabe ist noch nicht vollbracht! Die anderen beiden haben auch noch viel zu tun!...." und so weiter. All das hörte ich in diesem einen, intensiven „Heee!!!"

Und gleichzeitig wußte ich: das war mein Schutzengel. Nicht vom Kopf her, ich wußte es einfach, und da gab es nicht den leisesten Zweifel.

Wie gesagt, ich bin nie sehr religiös gewesen, und wenn mir jemand diese Geschichte erzählt hätte, hätte ich wahrscheinlich gesagt (oder auch nur gedacht): „Alles schön und gut, aber ist es denn so wichtig, ob du von alleine wach geworden bist, ob dein Unterbewußtsein, oder Überbewußtsein, oder was auch immer, dich geweckt hat, oder ob es nun wirklich etwas von außen war, ein Geist, eine Energie oder gar ein Schutzengel? Womöglich noch mit Flügelchen und weißem Hemd!

So hätte ich reagiert. Ich hätte es nicht geglaubt.

Und wenn ich es nicht selbst erlebt und die Wahrheit gespürt hätte, hätte ich es mir selbst nicht geglaubt.

Und obwohl ich es tatsächlich erlebte, schob ich es auch ganz schnell wieder beiseite und verdrängte es.

Einmal tauchte diese Thematik noch einmal kurz vor mir auf, drei oder vier Jahre später, als ich ein Buch las mit dem Titel: „Wie dein Schutzengel dich liebt", was sehr interessant war und worin auch stand, man solle zu seinem Schutzengel Kontakt aufnehmen. Das habe ich damals, mehr aus Neugierde, getan und prompt Antwort erhalten. Das ging aber so einfach und glatt, daß ich das nicht als „echte" Erfahrung gelten lassen konnte und mir einredete, das sei meine Einbildung, „das bin ich selbst, der da antwortet", und es ganz schnell wieder beiseite schob.

Im Krankenhaus dann rief mich meine ehemalige Kollegin und gute Freundin Renata an und sagte mir, ich solle unbedingt Kontakt aufnehmen zu meinem Schutzengel.

Auch jetzt war ich eher skeptisch. Aber in Anbetracht der Umstände und in Erinnerung an das Erlebnis im Gotthard-Tunnel unternahm ich dann doch einen Versuch.

Auch jetzt erhielt ich beinahe sofort Antwort, und es wurde ein richtiger Dialog daraus, der mich den Rest meines Krankenhaus-Aufenthalts begleitete.

Doch immer noch war es ein schizophrenes Verhältnis.

Einerseits spürte ich stark die Wahrheit in diesem Kontakt, die über alle Zweifel erhaben war, auf der anderen Seite war da mein Verstand, der sagte: „Du spinnst wohl, so einen Schwachsinn auch noch zu glauben. Willst du in der Klapsmühle landen? Vergiß das mal ganz schnell wieder und schau lieber, daß du gesund wirst!" - So in dieser Art.

Mein Alltagsbewußtsein, wie ich es nennen möchte, sperrte sich absolut gegen einen solchen „Unsinn".

Nach einem Monat konnte ich das Krankenhaus verlassen, noch sehr wackelig, aber auf eigenen Beinen, und in Richtung Reha-Klinik fahren.

Dazwischen verbrachte ich drei Tage zu Hause, und da erschien Renata, frisch von einem Psycho-Kinesiologie-Lehrgang, um mir mit ihren Heilfähigkeiten beizustehen.

Sie behandelte mich zweimal, und beide Behandlungen waren so intensiv und lösten so viel aus, daß ich stark beeindruckt war und auch spürte, wie sich tief drinnen etwas zu lösen begann, das sehr lange, sehr fest gesessen hatte.

Dann war ich fünf Wochen in der Reha-Klinik, wo man sich hauptsächlich um mein physisches Heil kümmerte, und nach einer weiteren Woche zu Hause, fuhr ich in die Schweiz zu Renata, um eine intensive Psycho-Kinesiologische Behandlung zu beginnen.

Ich hatte ja bereits die beiden Behandlungen nach dem Krankenhaus erlebt, bei denen beide Male so starke Emotionen ausgelöst (und aufgelöst) wurden, wie ich sie kaum je zuvor erlebt hatte. Ich ging also davon aus (nicht ohne ein leises Unbehagen), daß es in dieser Art weitergehen würde.

Was dann aber tatsächlich geschah, hätte ich mir niemals träumen lassen.

Renata hatte Urlaub, und so hatten wir sehr viel Zeit. Wir meditierten morgens gemeinsam (auch etwas, womit ich bis dato nie etwas anfangen konnte), gingen lange mit den Hunden spazieren, und dann wurde ich behandelt.

Parallel zu den Behandlungen intensivierten sich die täglichen Meditationen auf überraschende Weise:

Ich hatte vom ersten Augenblick an keine Schwierigkeit beim Meditieren. Ich schloß die Augen, atmete ruhig und wurde sofort in Empfang genommen und klar geführt.

Sehr bald erkannte ich, daß es sich bei dieser Führung um Stanislaus handelte, meinen „Schutzengel".

Ich schreibe das bewußt in Anführungszeichen, denn ich möchte mich lösen von dem Bild des Engels mit den Flügeln. Stanislaus ist mein Begleiter für dieses Leben, der sich diesen Weg gewählt hat, um mir beizustehen mit Rat und Tat, wenn ich mich mal herablasse, die Hilfe zu sehen und zu erkennen.

Stanislaus geleitete mich also bei diesen ersten Meditationen und half mir, einen Einstieg zu finden in diese neue Welt des Geistes, der ich mich bis dahin so erfolgreich verschlossen hatte.
Parallel liefen die täglichen Behandlungen, und so, gemeinsam mit Meditation und Behandlung, wurde eine Entwicklung in mir ausgelöst, mit der ich niemals gerechnet hätte.

Nach etwa vier oder fünf Tagen geschah während der Meditation etwas sehr Sonderbares:

Ich erhielt die Anweisung, mich anzustrengen, um durch so etwas wie eine Dachluke innerhalb meines Kopfes zu kommen. Stanislaus feuerte mich an, redete mir gut zu, ermutigte mich. Mir wurde ganz schwindlig. Gleichzeitig war mir, als würden unzählige Engel (oder Wesenheiten, oder was auch immer) an mir ziehen, mich schieben, zerren, drücken, und dann plötzlich, nachdem dieser anstrengende Zustand eine ganze Weile angedauert hatte, war es, als ob ganz leicht eine Türe aufginge, und ich rutschte durch eine Öffnung. Es war wie eine Geburt.
Und dann war da Licht und etwas Unbe-

schreibliches. Eine ganz unbekannte Kraft, ehrfurchtgebietend und respekteinflößend, und eine neue Stimme sprach zu mir.

Ich fühlte mich ganz klein und ehrfürchtig, denn ich spürte, etwas Machtvolleres als Stanislaus sprach nun mit mir. Ich spürte eine ganz andere Energie und konnte auch die Herkunft der Stimme räumlich ganz anders fühlen.

Er sprach anders zu mir als Stanislaus, nicht so humorvoll und locker. Ernster, voll Autorität, sehr streng, aber gleichzeitig mit unendlicher Liebe, das konnte ich fühlen.

Mir wurde bald ganz schwindlig und nach relativ kurzer Zeit mußte ich die Meditation abbrechen, da es mir zuviel wurde.

Ich wußte, jetzt war etwas Besonderes geschehen. Eine Tür hatte sich aufgetan, die viel für mich bedeutete. Das spürte ich, aber ich konnte mir noch nicht so recht vorstellen, was.

Von nun an begann ich meine Meditationen stets mit Stanislaus, der mich dann weitergeleitete zu meinem neuen Lehrer, Mentor, Begleiter, ich weiß nicht, welches die passendste Bezeichnung ist.

Im Lauf der nächsten Kontaktaufnahmen erfuhr ich mehr. Und das, was ich erfuhr, stürzte mich in neue, große Unsicherheiten: es handelte sich bei ihm um Xerxes oder Xenophanes. Er sagte, der Name sei nur für mich wichtig, aber sonst nicht weiter relevant.

Er bittet mich, selbst sprechen zu dürfen:

Nennt mich Xerxes. Ich bin ein Meister aus der mentalen Ebene des Seins, auf die ich herabgestiegen bin, um Einfluß zu nehmen auf das Geschehen, das sich jetzt auf eurem Planeten anbahnt. Ich nehme zu euch Kontakt auf durch meinen Seelenbruder Hermes, der auch ein Meister ist, wie ich, und auf die Erde gekommen ist als Mensch, um teilzuhaben an der großen Wandlung, die kommen wird, und um den Menschen dabei zu helfen, die Transformation zu vollziehen. Das Leben, wie Ihr es kennt, wird ein Ende haben, zu Gunsten einer neuen Welt des Lichts und der Liebe. Doch davon werdet Ihr später mehr erfahren.

Zunächst nur so viel.

Ich war geschockt. Ich ein Meister? Wovon? Worin? Warum? Und überhaupt, was habe ich damit zu tun? Was geht mich das alles an? Warum gerade ich?

Die letzte Frage stelle ich mir auch heute noch oft, wenn ich das Gefühl habe, diese Dinge wachsen mir über den Kopf. Mehr als ein Jahr ist inzwischen vergangen, und obwohl meine

Entwicklung kontinuierlich weitergegangen ist, habe ich immer wieder Schwierigkeiten, vieles zu akzeptieren.

Wenn der Kontakt hergestellt ist und ich die Liebe und die Kraft spüre, die durch mich fließt, dann <u>weiß</u> ich, daß alles wahr ist. Aber sobald der Alltag mich wieder umfängt, kommen immer wieder die Zweifel, kommt der Intellekt und sagt: „So einen Schwachsinn glaubst du?"

Und noch immer arbeite ich daran, diese Frage zu überwinden, wenn auch diese Überwindung immer leichter fällt.

Doch zurück zu letztem Sommer:

Nach diesen ersten Informationen war ich sehr aufgewühlt. Was passierte da? Hatte ich irgendeinen Einfluß darauf? Was würde mit mir geschehen? Wurde ich irgendwie verrückt?

Ich begann meine Fragen zu stellen und erhielt immer gewissenhaft Antworten.

Renata, der ich das alles immer berichtete, hatte auch viele Fragen, die ich weiterleitete und auch auf diese Fragen erhielt ich immer Antworten. Nach kurzer Zeit spürte ich, daß Xerxes von mir verlangte, seine Antwort nicht nachzuerzählen, sondern direkt zu antworten, also seine Antwort sofort durch mich hindurchfließen zu lassen und auszusprechen.

Zunächst sträubte sich alles in mir dagegen. Ich hatte Angst, schämte mich, kam mir albern vor, und so zögerte ich es immer wieder hinaus. Aber der Druck wurde immer größer, so daß ich sehr bald keine Macht mehr hatte, mich dagegen zu wehren.

Als ich zum ersten Mal eine Antwort direkt weitergab, war das wie ein Schock für mich. Mein Kreislauf rebellierte, mein Herz raste, und ich brach in Tränen aus, so stark war die Kraft, die da durch mich floß. Aber ich mußte es immer wieder tun, und nach und nach gewöhnte ich mich daran und wurde nicht mehr so sehr davon mitgenommen.

Unmerklich entwickelten sich regelrechte Fragestunden, während derer ich den Kontakt herstellte und Xerxes direkt durch mich sprach und Fragen beantwortete. Es kostete mich jedesmal zu Beginn unglaubliche Überwindung, zu sprechen anzufangen. Die ersten zwei Sätze dröhnten in meinem Kopf, immer und immer wieder, bis ich mich endlich bezwingen konnte und zu sprechen begann. Das ist inzwischen besser, aber immer noch nicht völlig verschwunden.

So war ich fast unmerklich zu einer Art Medium geworden, das Kontakt aufnimmt zur geistigen Welt und Botschaften übermittelt. Und das ohne eigentlich wirklich absolut daran zu glauben. Eine sehr zwiespältige Situation. Auf der einen Seite erschreckend, ungewöhnlich, ja peinlich, unglaubwürdig, anmaßend, aber auf der anderen Seite wunderschön, das Herz öffnend, auf eine Art, wie nach langer Zeit nach Hause kommen.

Natürlich plagten (und plagen) mich immer wieder große Zweifel: Kann ich das wirklich? Bilde ich mir das nicht alles nur ein? Erfinde ich das nicht alles einfach selbst? Kann das überhaupt irgendjemand glauben? Wo soll das Ganze nur hinführen?

Und doch, wenn ich mich darauf einlasse, ganz offen zu fühlen, spüre ich, daß es richtig ist.

Schon ganz zu Anfang eröffnete Xerxes mir, daß ich als Medium arbeiten würde, daß viele Menschen mit ihren Fragen zu mir kommen würden, und daß man mir ein wichtiges Buch mit dem Titel „Das Licht der Wahrheit" diktieren würde.

„Oh, nein!" dachte ich. Noch ein solches Buch! Gibt es nicht schon viel zu viele solche Bücher? Ich sträubte mich gegen diesen Gedanken.

Verdammt, warum ich?

Auf diese Frage erhielt ich die Antwort: Warum nicht? Weil du dir diese Aufgabe selbst gewählt hast, und es jetzt höchste Zeit ist, deine Arbeit zu beginnen.

Ich fühlte und fühle mich von alldem immer wieder überfordert. Ich fühle mich oft klein und unwissend, unbedeutend und unwichtig. Wie sollte ausgerechnet ich in der Lage sein, solche Dinge zu tun? Immer wieder stellte ich mir diese Frage.

Ich versuchte auch immer wieder dem Thema auszuweichen, indem ich mich nicht mehr damit beschäftigte. Aber es dauerte jedesmal nicht sehr lange, bis ich durch irgendein Ereignis, sei es von außen oder von innen, wieder dazu gezwungen wurde, mich der Sache zu stellen.

Zu allem Überfluß ist das ein Thema, über das man mit kaum einem Menschen sprechen kann, ohne auf die verschiedensten Reaktionen zu stoßen.

In meiner anfänglichen Euphorie vergangenen Sommer erzählte ich einigen Leuten davon. Die Reaktionen fielen sehr unterschiedlich aus, von interessiert bis ungläubig. Außerdem merkte ich, daß es mich selbst noch mehr verunsicherte, wenn die Menschen verstört reagierten, da ich ja selbst nicht stabil war mit diesem Erleben. Also hörte ich auf, davon zu erzählen. Und so wurde das Ganze noch getrennter von meinem alltäglichen Leben, und ich begann tatsächlich fast eine Art Doppelleben zu führen.

In Deutschland normaler Mensch und Theaterschaffender, in der Schweiz Wahrheitsuchender und Medium. Ein großer Zwiespalt, der nicht ewig so weitergehen konnte.

Aber welches würde nun mein wahrer Weg sein? Welcher wird es sein? Sollte ich den Anweisungen folgen, die ich erhielt? Wohin würde mich das führen?

Ich war von Anfang an hin und hergerissen.

Doch in letzter Zeit merke ich, daß in mir eine Sehnsucht immer stärker wird, diesem Ruf zu folgen und einen neuen Weg zu beschreiten, egal wohin er mich führen mag.

Es ist sehr fest verwurzelt in mir, daß ich immer möchte, daß alle mich mögen, mich verstehen und am besten noch mit mir übereinstimmen. Ich muß lernen, mich davon zu lösen, auch wenn es mir momentan noch Angst macht.

Also schreibe ich nun doch meine Erlebnisse nieder, wie man es mir angetragen hat, und lasse mich einfach davon überraschen, wohin das alles führen wird.

Die Geschichte ist noch nicht vollständig erzählt:

116

Im Februar dieses Jahres geschah noch etwas Neues. Meine Verbindung zu Xerxes war schon etwas ganz Natürliches geworden. Ich nahm jeden Tag während der Meditation Kontakt zu ihm auf, und das gab mir Kraft, mein Leben zu meistern.

Im Februar nun war ich wieder einmal ein paar Tage bei Renata. Diese Aufenthalte bedeuten immer einen starken Impuls zur Weiterentwicklung für uns alle drei, Renata, ihren Mann Thomas und mich. Jedesmal geschehen viele Dinge, die uns weiterbringen und Türen in uns öffnen zu neuen, unbekannten Räumen.

Die Tage im Februar waren keine Ausnahme. Und plötzlich kam eine neue, viel größere, höhere Kraft und sprach zu mir.

Die Kraft offenbarte sich mir als der Erzengel Haniel (von dem ich vorher nie etwas gehört hatte), der Engel der allumfassenden, göttlichen Liebe, und begann zunächst zu mir zu sprechen und schon sehr bald durch mich Botschaften zu übermitteln aus dem Reich des Lichts der Liebe.

Das war nun wieder eine ganz neue Erfahrung für mich. Ganz anders als bei Xerxes, dessen Anwesenheit mich bereits tief berührt hat, erfüllt mich Haniel mit einer Vibration, einem Strom der Wärme, der Liebe und des Lichts, wie ich es anders nicht beschreiben kann.

Als ich das erste Mal eine Botschaft Haniels

direkt übermittelte, wogegen ich mich zu Beginn besonders heftig gesträubt hatte, überkam mich das Gefühl, mich innerlich aufzulösen, und er mußte die Übermittlung schließlich abbrechen, weil ich nicht mehr konnte. Anschließend mußte ich sehr heftig weinen, ohne eigentlich erklären zu können, warum, außer, daß ich so tief ergriffen war von dem, was mir begegnet war.

Die ersten Kontakte mußte ich immer vorzeitig abbrechen, da mein Kreislauf zusammenzubrechen drohte und mir schwindlig und schlecht wurde. Nach und nach gewöhnte ich mich aber dann an diese Schwingungen.

Seit Februar spricht Haniel fast täglich zu mir, und ich spüre fast ständig ganz stark seine Anwesenheit, was mich sehr beruhigt.

So real diese Erfahrungen für mich sind, so schwierig ist es dennoch, damit umzugehen. Zu weit sind wir in unserer heutigen Gesellschaft von derartigen Dingen entfernt, zu wenig Vertrauen haben wir in diese nicht-greifbare Welt. Bin ich im Kontakt, weiß ich daß alles wahr und tatsächlich so ist. Aber kaum ist die Verbindung beendet, übernimmt mein Alltagsbewußtsein wieder die Kontrolle (vorher war es nicht ausgeschaltet, aber überzeugt, oder überstimmt), und es fällt mir wieder unglaublich schwer, absolut überzeugt zu sein.

Und doch wird der Widerstand in mir immer kleiner, und ich spüre eine Kraft und Wahrheit in mir wachsen, die mich erfüllt und glücklich macht.

Ja! Warum nicht?! Warum nicht ich?! Warum sollte das nicht doch mein Weg sein? Nur weil es ungewöhnlich ist? Nur weil solche Dinge immer nur anderen passieren? Und dann spüre ich etwas in mir erwachen, das lange geschlafen hat. Und nun ist es höchste Zeit, daß es erwacht.

Das Leben der Menschen, wie es sich heute gestaltet, verläuft nach meinem Empfinden auf stark abschüssigen Bahnen. Die Werte unserer Gesellschaft, Geld und Macht, haben überhaupt nichts mehr zu tun mit dem, was eigentlich zählt, Liebe und Entwicklung.

Es ist für uns aber sehr schwer, uns von diesen „falschen" Werten zu lösen. Das merke ich, der ich so heftig mit diesen anderen Dingen konfrontiert werde, sehr stark. Wie schwer muß es dann für all jene Menschen sein, denen die unmittelbare Erfahrung mit der anderen Welt fehlt! Und doch spüre ich, daß es sehr, sehr wichtig ist für uns, diesen Schritt zu tun, uns freizumachen von überflüssigen Werten und auf eine Klarheit des Lebens zurückzukommen, die wir alle längst verloren haben.

Die meisten Menschen haben erkannt, daß es heute unumgänglich ist, daß sich etwas Grundsätzliches auf der Erde ändert, weil wir sonst gemeinsam auf einen Abgrund zusteuern.

Neid, Haß, Egoismus, Aggression. All diese Dinge beherrschen die Menschen auf der Welt und trennen sie von ihrem eigentlichen Kern.

Was immer da für Mächte am Werk sind, eines scheint mir klar: ändern können wir nichts durch Gewalt, sondern nur, indem wir uns selbst ändern und so eine neue, kraftvolle Energie durch uns selbst auf die Erde strömen lassen. Jeder einzelne, der die Zeichen erkennt und neu beginnt, bedeutet einen Gewinn für alle.

Meine Vision ist eine Welt, in der keiner den anderen zu seinem eigenen Vorteil schlecht behandelt. Eine Welt, in der die Menschen erkennen, daß sie Teil eines großen Ganzen sind und von einander abhängig, nicht sich gegenseitig im Weg.

Eine Welt, in der die Menschen einander mit Liebe und Respekt begegnen, und nicht alles, was irgendwie anders und dadurch bedrohlich erscheint, eliminieren wollen.

Das mag sich utopisch, gar weltfremd anhören. Aber wenn man ein wenig in sich hineinhorcht, spürt man den Widerhall dieser Utopie und ihre Kraft. Und wenn man dem noch ein wenig weiter folgt,fühlt man, wie nah diese Utopie eigentlich ist:

Nur einen Herzschlag entfernt.

Diese Utopie liegt in uns.

Wir müssen sie nur herauslassen, uns öffnen und die Kraft der Liebe, die in uns allen schlummert, befreien, wachsen und blühen lassen. Es ist so einfach, und doch so schwer.

Ich habe irgendwann gefragt, warum dieser Kontakt so plötzlich entstand, nachdem ich vorher fünfunddreißig Jahre ohne gelebt hatte.

Die Antwort war: Weil ich im Krankenhaus, als ich dachte, sterben zu müssen, loslassen konnte, mich nicht an mein irdisches Sein klammerte und inneren Frieden fand. Da öffnete sich in mir eine Tür, und ein Zugang war möglich.

Ich möchte jedem Menschen, der das liest, meine Liebe und Verbundenheit senden.

Ich bin sehr zuversichtlich, was unsere gemeinsame Zukunft anbelangt, denn ich spüre ein allgemeines Erwachen, nicht nur in mir, sondern auf der ganzen Erde.

Ich habe die Erfahrung machen dürfen, daß es mehr gibt als unsere drei Dimensionen, und das macht mich sehr glücklich und erfüllt. Und ich freue mich für jeden, der diese Erfahrung auch machen kann. Ich bin überzeugt, daß das jedem Menschen möglich ist, wenn er seine ganz spezielle Tür findet und öffnet.

Ist das nicht eine wunderbare Vorstellung?!

Mai 2000
Hermes Schmid

Über den Autor

Hermes Schmid ist Jahrgang 1964, studierte Theaterwissenschaft und Germanistik, und absolovierte eine Schauspielausbildung

Verschiedene Engagements führten ihn zu diversen Theatern in Deutschland und der Schweiz, wo er auch als Dramaturg und Regisseur gearbeitet hat.

1999 nach schwerer Krankheit Neuorientierung. Seither intensive Arbeit an der spirituellen Entwicklung.

Sein Wunschtraum ist eine harmonische Verbindung zwischen spirituellem Wachstum, schriftstellerischer Tätigkeit und freier Theaterarbeit

Claire Avalon
Die zwölf
göttlichen Strahlen
und die Priester aus Atlantis

Claire Avalon

Die zwölf göttlichen Strahlen und die Priester aus Atlantis

384 S., geb., ISBN 3-93425412-8

Dieses umfangreiche, ausschließlich gechannelte Werk enthält hochinteressante Informationen über das Wirken der zwölf göttlichen Strahlen und macht uns mit dem neuen und doch alten Basiswissen aus Atlantis vertraut, das uns bisher nicht zur Verfügung stand.

Im ersten Teil beschreibt der Aufgestiegene Meister El MORYA den Weg ins Neue Zeitalter und die grundlegende Arbeit mit den zwölf göttlichen Strahlen.

Im zweiten Teil des Buches macht er uns anhand eines leicht verständlichen Beispiels damit vertraut, wie wir mit Hilfe der zwölf Strahlen in zwölf Schritten einen sinnvollen Plan umsetzen und somit zum Mitschöpfer werden können. Im letzten Teil lernen wir 84 atlantische Priester und Priesterinnen kennen, die von EL MORYA vorgestellt werden und dann selbst zu ihren speziellen Aufgaben sprechen. Auf jedem der zwölf Strahlen dienen sieben von ihnen, indem sie die Aufgestiegenen Meister und Weltenlehrer mit ihrer makellosen atlantischen Energie unterstützen. Erst jetzt, zu Beginn des Neuen Zeitalters, ist ihre Zeit gekommen, sich uns zu offenbaren und uns ihre göttliche Hilfe anzubieten.

Ein wichtiges Buch, das auch viele Therapeuten, Heilpraktiker und Helfer der Menschheit erreichen möchte.

Claire Avalon

Die Weiße Bruderschaft
EL MORYA: Was ihr sät, das erntet ihr!

256 S. brosch., ISBN 3-926374-59-4

EL MORYA, Aufgestiegener Meister und Herrscher des Ersten Strahls, zeigt in diesem Buch über Karma sehr anschaulich, daß es keinen strafenden Gott gibt, sondern jede Seele für das verantwortlich ist, was ihr widerfährt und daß jedes noch so kleine oder große Problem seine Ursache hat. Vor allem läßt er uns spüren, daß der Vater allen Seins mit unendlicher Liebe und Güte auf die Rückkehr jeder Seele wartet. Auch für Therapeut/inn/en ein wichtiges Buch.

Claire Avalon

Wesen und Wirken der Weißen Bruderschaft

ISBN 3-926374-90-X

"Wie wir wurden, was wir sind –
Und wie wir werden dürfen, um zu sein."
Die Autorin vermittelt in einfacher und klarer Sprache den Aufbau der Großen Weißen Bruderschaft, einer rein geistigen Hierarchie für unsere Erde, und geht dabei weit zurück bis zu den Ursprüngen unseres Seins. Außerdem weisen die Aufgestiegenen Meister und Weltenlehrer, wie Jesus, Helios, Kuthumi, Maha Cohan, Maitreya, Sanat Kumara, anhand gechannelter Texte den Weg zurück ins Licht.

ICH BIN-Affirmationen mit den Aufgestiegenen Meistern

Stella Maris

52 Kärtchen + Booklet
ISBN 3-934254-32-2

Diese wunderschönen Affirmationen möchten Sie auf Ihrem spirituellen Weg begleiten und können eine Hilfe sein, durch Konzentration auf die eigene, göttliche ICH-BIN-Kraft die innere Mitte und den Weg zu Gott zu finden. – Als Meditation, als Motto des Tages, als Hilfe für sich und andere in einer schwierigen Situation, u.v.m..

ICH BIN erfüllt von der göttlichen Liebe und suche in jedem Menschen das göttliche Licht Rowena
Ich rufe die ICH-BIN-Gegenwart des kosmischen Christus in mir an. Jesus Sananda
ICH BIN das Licht der Liebe und schwinge im göttlichen Ton. Sanat Kumara

Worte der Aufgestiegenen Meister
Gesammelt und zusammengestellt von Stella Maris
52 Karten + Begleitheft in einer Box . ISBN 3-934254-13-6

Immerwährende Weisheiten von El Morya, Hilarion, Maitreya, Jesus Chjristus Sananda, Serapis Bey, Kwan Yin, Lady Nada, Rowena, St. Germain und vielen anderen Aufgestiegenen Meistern. Man zieht eine Karte als Motto der Woche, um die Energie des einzelnen Meister oder der Meisterin in sein Leben einzuladen und so den Alltag besser zu bewältigen. Eine praktische Lebenshilfe in einer Zeit der Hektik und des Stresses.
"Der Weg der Erleuchtung liegt in der Entscheidung, sich der göttlichen Kraft zu öffnen und das Göttliche im Alltäglichen zu lieben". (Lady Nada)

Weisheiten der Liebe
Gesammelt und zusammengestellt von Stella Maris
52 Karten + Begleitheft in einer Box ISBN 3-934254-22-5

Worte der Liebe für den Alltag und ein liebevolles Miteinander, von Heine, Goethe, Coco Chanel, Novalis, Hesse, u.v.a.: Als Liebeserklärung, als Botschaft des Lächelns, als Gedanken der Ruhe in der Hektik des Tages, als Zeichen der Versöhnung nach einem Streit ... Für Liebende und alle, die mehr Liebe in ihr Leben bringen möchten:
"Und könnte ich reden mit Menschen und Engelszungen und hätte der Liebe nicht, so wäre ich ein tönernes Glas und eine hölzerne Schelle." Die Bibel
"Die Liebe ist ein Stoff, den die Natur gewerbt und die Phantasie bestickt hat." Voltaire
"Liebe ist der Endzweck der Weltgeschichte, das Amen des Universums." Novalis

Ava Minatti

Die Kinder der Neuen Zeit –
Strahlende Funken des Lichts

196 S., brosch., ISBN 3-934254-23-3

Immer mehr Kinder werden weltweit geboren, die bereits mit einem neuen Bewußtsein zur Welt kommen und somit Verhaltensweisen an den Tag legen, die „anders" sind.

Ava Minatti, selbst Mutter von zwei „neuen" Kindern, erzählt von ihren persönlichen Erfahrungen in der Schwangerschaft, bei der Geburt und im Alltag mit diesen Kindern und bietet viele praktische Anregungen, Übungen und Meditationen.

Botschaften aus der geistigen Welt, u.a. von Engeln und des Aufgestiegenen Meisters Hilarion, runden das Bild ab.

Dieses Buch richtet sich nicht nur an Eltern, sondern an alle, die mit Kindern zu tun haben – u.a. Großeltern, LehrerInnen, ErzieherInnen.

Antan Minatti

Kiria Deva und das Kristallwissen von Atlantis

160 Seiten, brosch. ISBN 3-934254-34-9

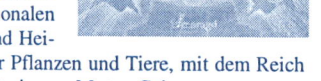

Kiria Deva, eine Kristallwesenheit, hat sich bereit erklärt, die schwere Bürde des Machtmißbrauchs und Untergangs, die auf dem Begriff Atlantis liegt, mit ihrer Schwingung zu heilen.

Dieses Buch richtet sich daher an alle, die sich auf dem Weg deS Heilwerdens befinden und bei der Mitgestaltung des Neuen Zeitalters aktiv mithelfen wollen.

Viele einfache Übungen und Anregungen begleiten uns mit gechannelten Texten und Informationen zu Kristallen, fünfdimensionalen Farben und anderen Themen und helfen uns, Verbindungen und Heilung herzustellen mit Teilen unseres Selbst, mit dem Reich der Pflanzen und Tiere, mit dem Reich des Blauen Volkes, mit Wesen der Inner Erde und dem Bewußtsein von Mutter Gaia.

Silvia Mutti

Kosmische Essenzen
Tore zum Göttlichen ICH BIN

352 S., geb. ISBN 3-934254-07-1

Diese immens hoch schwingenden Essenzen – aus dem Kosmos gechannelt – dienen als Hilfe, Blockaden und Belastungen der Vergangenheit schneller zu lösen, damit wir die in uns allen schlummernden Potentiale positiv leben und uns so schneller spirituell entwickeln können.

Lichtwesen, Meister, Weltenlehrer und viele andere Wesen aus der geistigen Welt haben durch ihre wunderbaren Energien dazu beigetragen, dieses Essenzenprojekt zu verwirklichen, das unter der Leitung von Jesus Christus steht.

Ein wichtiges Buch für Eltern, die ihre Kinder bereits früh mit Essenzen auf ihrem Weg begleiten möchten und mit zahlreichen Meditationen auch ein wichtiges Arbeitsbuch für Therapeuten und Astrologen.

Gina Hellmann
Mein magisches Rosenbuch

240 Seiten, geb. mit zahlr. vierfarb. Abb. ISBN 3-934254-33-0

Gina Hellmann hat sich auf Spurensuche gemacht und Rosen in ihrer Vielfalt entdeckt, die bisher einmalig ist: Wußten Sie, daß auch die Rosenliebe durch den Magen geht? Oder sich mit einer Rose wunderschön meditieren läßt? Oder die Rose inzwischen auch ihren Platz in Feng Shui gefunden hat? Oder ein Rosenritual die Liebe neu erblühen läßt?

Ratschläge, wie man Rosen züchtet, finden Sie in diesem Buch nicht – dafür eine Fülle magischer Tips rund um die Rose - und natürlich dürfen literarische Rosenblüten nicht fehlen.

Also: Lassen Sie sich überraschen und fangen Sie den Sommer und den Zauber der Rose ein – mit der Lektüre dieses Buches, einem köstlichen Rosendessert, einer romantischen Liebesnacht im Duft von Rosen, und, und, und ...

Mit vielen Rezepten und Ritualen rund um die Magie der Rose und einer Reihe wunderschöner Bilder und Fotos.

Anna Amaryllis
Die Weiße Bruderschaft – Freunde im Licht

160 S. brosch., ISBN 3-926374-52-7

Dieses Buch gibt einen Einblick in das Wirken der Weißen Bruderschaft, zu deren Mitgliedern u.a. Jesus, Daskalos, El Morya, St. Germain, die Indianerin No-Eyes und Yogananda gehören. Es vermittelt Zuversicht, Kraft und Freude all denen, die um die Frunde im Licht wissen und sich diesen Energien öffnen. Das Einstiegsbuch zum Thema DIE GROSSE WIESSE BRUDERSCHAFT.

Patricia Monaghan
Mein magischer Garten
Aus dem Amerikanischen übertragen und bearbeitet von Gina Hellmann
240 S., Großformat, gebunden, ISBN 3-934254-15-2

Patricia Monaghan ist Pionierin der spirituellen Frauenbewegung und Autorin einer Reihe Bücher zu diesem Thema, u.a. dem *Lexikon der Göttinnen*.

Mein magischer Garten zeigt Ihnen, wie Sie einen kleinen unscheinbaren Acker in einen magischen Garten verwandeln können und macht Sie nicht nur mit den praktischen Aspekten, sondern auch mit dem Mythos des Gärtnerns vertraut; verrät Ihnen Tips zur Pflege des Bodens; bringt Gartenrituale und Zeremonien; Meditationen für die Jahreszeiten und die "alten Wege"; hilft Ihnen, Ihren Garten zu weihen; veranschaulicht Pflanzen-Archetypen und –devas; läßt sie den spirituellen Gewinn der Gartenarbeit entdecken; und enthüllt Ihnen schließlich sechzehn phantasievolle Gartenpläne, mit denen Sie den Garten Ihrer Träume schaffen können: Die Einhornwiese, Bastets Katzengarten, zwei Drachengärten, einen Feengarten, einen Hexengarten und viele andere.

Ein wichtiger Beitrag zu der Art und Weise, wie wir mit unserer Mutter Erde umgehen können. Mit zahlreichen Abbildungen.

Barbara Vödisch
Lady Nada: Botschaften der Liebe

196 S., DIN A 5, Softcover, ISBN 3-926374-75-6

Hier ist die Antwort der geistigen Welt zu einem Thema, das die
Menschheit seit jeher bewegt hat.
Nada, Aufgestiegene Meisterin, spricht über das Thema Liebe in all
seinen Facetten: Die Liebe zu sich selbst und zu anderen; zu Pflanzen
und Tieren; Kontakt mit der geistigen Welt – das sind nur einige Themen dieses Buches, aus dem so viel Liebe strömt, daß einem bei der
Lektüre ganz warm und das Herz ganz weit wird.

Barbara Vödisch
Lady Nada – Meditationen der Liebe
128 Seiten, DIN A 5 . Softcover . ISBN 3-934254-00-4

Für alle die Menschen, die *Lady Nada – Botschaften der Liebe* mit
Begeisterung gelesen haben und diese Botschaften praktisch in ihr
Leben integrieren möchten.
Meditieren Sie mit Nada –

- Meditationen zur Erinnerung an eine Existenz in bedingungslo-
ser Liebe; für Liebe und Vergebung; Befreiung von Abhängigkeiten
in Beziehungen; die Liebe zu sich selbst: für den inneren Frieden, u.
v.m. –

als Hilfe, uns daran zu erinnern, was und wer wir wirklich sind.

Barbara Vödisch
Einssein mit Gott – das Ende jeder Suche
192 S., brosch. ISBN 3-934254-08-X

Mit überwältigender Intensität und Dringlichkeit über Wochen, von
einer nicht beschreibbaren unendlichen lichten, in in allem enthaltenen
Energie erfaßt, empfing die Autorin innerhalb kürzester Zeit diese
Durchgaben von "ES", göttliches Sein, das zu uns Menschen spricht,
um uns zu helfen, die Einheit mit Gott zu erfahren.
Eins sein mit Gott ist nicht Erleuchteten in Indien, Mönchen oder As-
keten vorbehalten. Es ist jedem Menschen zu jeder Zeit möglich.
Dieses Buch räumt daher mit Mißverständnisse und Tabus auf und er-
mutigt und hilft dem spirituell erfahrenen, aber auch dem unerfahre-
nen und skeptischen Leser, aller Suche ein Ende zu machen und un-
endliches göttliches Sein, unendliche göttliche Liebe für immer ge-
wahr zu werden.